MARGARET THATCHER
UNE DAME DE FER

CATHERINE CULLEN

MARGARET THATCHER
UNE DAME DE FER

ÉDITIONS ODILE JACOB
15, rue Soufflot, 75005 Paris

Je tiens à remercier les personnes qui m'ont aidé ou conseillé pendant la rédaction de ce livre : Jean-Philippe Domecq, John Ranelagh, Michel Rapoport, Claudia Zablit, Abel Gerschenfeld, l'instigateur de ce projet ; et *last but not least*, Ann Oakley, Stuart Seide et Emma Sperber.

ISBN 2-7381-0116-X

© ÉDITIONS ODILE JACOB, JANVIER 1991.

A Domecq, Jean-Philippe.

Prologue

« La méthode, c'est l'économie ; l'objectif, c'est de changer l'âme. »

MARGARET THATCHER

L'hiver de 1978-1979 est un désastre tant pour le gouvernement travailliste que pour la majorité des Britanniques. La Grande-Bretagne s'enfonce dans les pires conflits sociaux qu'elle ait connus depuis la grève générale de 1926 : licenciements, pénuries, fermetures d'entreprises, grèves des transporteurs, des cheminots, des fonctionnaires, des services de voirie, des ambulanciers, des fossoyeurs (les corps s'empilent dans les morgues, sans doute ce qui choque le plus l'opinion publique). Les hôpitaux n'assurent plus que les urgences, les poubelles s'amoncellent dans les rues, les rats commencent à poser de sérieux problèmes. Et les syndicats, eux, demandent jusqu'à 25 % d'augmentation de salaire.

Le « Winter of Discontent » (l'hiver du mécontentement, expression shakespearienne tirée de *Richard III*) s'installe, lugubre, dans un froid polaire. C'est le moment malheureux que choisit le Premier ministre travailliste, James Callaghan, pour se rendre à un sommet à la Guadeloupe : ses concitoyens, transis de froid, privés de chauffage, l'aperçoivent à la télévision, en bras de chemise au bord d'une piscine bordée d'une végétation luxuriante. A son retour, l'accueil est à l'image du temps : glacial. Son taux de popularité, l'un des plus élevés de tous les premiers ministres depuis la guerre, dégringole. Thatcher Aux Communes comme dans tous les médias, le chef de l'opposition Margaret ne cesse de vitupérer contre les « méfaits du socialisme ». La politique salariale antiinflationniste de Callaghan est battue en brèche : même le très pro-travailliste *Daily Mirror* clame que le gouvernement a « perdu le contrôle de la situation ».

Enfin, au mois de mars, le parti libéral et les petits partis lâchent Callaghan, et Margaret Thatcher obtient un vote de défiance contre le gouvernement. Elle tonne à la Chambre des Communes : « Jamais nous ne sommes tombés si bas! La Grande-Bretagne est aujourd'hui une nation sur la touche. » La censure passe à une voix près : 311 pour 310 contre. Un membre du parti travailliste n'est pas venu à la Chambre le jour du vote. Callaghan démissionne. Les derniers échanges aux Communes ont été particulièrement durs et, à l'issue du vote, la Chambre a été le théâtre d'un invraisemblable tumulte. Les parlementaires s'insultent, vocifèrent, tapent des pieds et se menacent du poing.

Le lendemain, Callaghan se rend chez la reine pour demander la dissolution du Parlement. Les élections sont fixées au 3 mai. Pour la première fois depuis très longtemps, les Britanniques (35 millions d'électeurs) vont devoir choisir entre deux philosophies politiques très différentes. « Cette élection est décisive pour l'avenir de l'Angleterre », répète Thatcher, « un grand pays qui semble avoir perdu son chemin. » Tout en incarnant la perpétuation du *Welfare State* (Etat providence), Callaghan prône le changement dans la continuité. Il dénonce les idées politiques de Margaret Thatcher comme dangereuses et destructrices pour le pays. Les aides de l'Etat seront supprimés, et les quartiers pauvres deviendront des « déserts du chômage ». Pour sa part, Margaret Thatcher annonce clairement la couleur en promettant une révolution sociale et économique : allégement des impôts directs, vote secret pour toutes les décisions syndicales (qui jusqu'alors sont prises à main levée), réduction massive des dépenses de l'Etat (sauf pour la Défense nationale et la police), privatisation des entreprises nationalisées, politique de non-intervention dans les négociations salariales du secteur privé. C'est un programme d'inspiration ultra-libérale, comme la Grande-Bretagne n'en a pas connu depuis le début du siècle.

Le 4 mai au petit matin il est clair que les conservateurs ont gagné. Ils obtiendront une majorité de 43 sièges. L'après-midi même, pendant que Callaghan remet sa démission à la reine et fait déménager ses affaires du 10 Downing Street, Margaret Thatcher se prépare à y entrer. Trente minutes après avoir reçu les adieux de Callaghan, la reine convoque Madame Thatcher, qui laisse son mari, Denis, au pied du grand escalier du palais de Buckingham. En haut, conformément à la tradition, Elisabeth demande à Margaret si elle est en mesure de former un gouvernement. « Oui », répondit-elle et la souveraine la prie de le faire. Puis elle lui offre une tasse de thé et s'entretient avec elle durant trois quarts d'heure. C'est ainsi que la reine d'Angleterre et la fille de l'épicier ont leur première conversation en tête à tête. Ni l'une ni l'autre ne se doutent alors que cela se produira une fois par semaine, pendant 11 ans.

A sa sortie du palais, Margaret Thatcher part directement pour sa nouvelle demeure, 10 Downing Street, et lit devant les caméras une citation de saint François d'Assise. Citation souvent commentée par ses admirateurs et ses détracteurs, tantôt comme étant la preuve de sa bonne foi, tantôt de son hypocrisie : « Où il y a désaccord, puissions-nous apporter l'harmonie : où il y a erreur, puissions-nous apporter la vérité; où il y a doute, puissions-nous apporter la foi, et où il y a désespoir, puissions-nous apporter l'espoir. » Elle se tourne alors vers la foule des journalistes et, les larmes aux yeux, prononce ces paroles étonnantes : « Je dois tout, absolument tout, à mon père. » Puis elle se retourne et pénètre dans le logement traditionnel du Premier ministre, laissant les journalistes à leurs questions sur ce père qui vient d'entrer dans l'histoire de la Grande-Bretagne.

CHAPITRE 1

Alf

« Nous étions méthodistes, et méthodisme
veut dire méthode. »

MARGARET THATCHER

Margaret Hilda Roberts est née le 13 octobre 1925 à
Grantham, banale petite ville du Lincolnshire, au nord de
Londres, dont les seuls titres de gloire sont d'abriter St-
Wilfram, l'une des plus belles églises du moyen-âge
anglais, et d'être le lieu de naissance d'Isaac Newton.
Dans les années vingt, Grantham était une ville sans his-
toire, dominée par une petite-bourgeoisie commerçante de
confession protestante.

Ce père à qui Margaret doit tout, ce héros qui a marqué
son enfance et sa vie, c'est Alfred Roberts, incarnation
victorienne du *self-made man*. Aîné d'une famille de sept
enfants, il aurait dû devenir cordonnier comme ses parents
et grands-parents, mais il avait trop mauvaise vue. A
12 ans, il quitta l'école pour aider sa famille et partit travailler à Grantham comme commis d'épicerie. Ses valeurs
de bon victorien étaient le travail et l'épargne ; rien n'était
plus immoral pour lui que la dépense superflue. Homme
sans humour, aux convictions religieuses et morales pro-

fondes, c'était un méritocrate, un puritain de la vieille école.

Le méthodisme est un culte dissident de l'Eglise anglicane répandu dans le nord de l'Angleterre et en Ecosse. Fondé par les frères John et Charles Wesley en 1739, il encourage les « prêcheurs laïques », dont les sermons reprennent les thèmes du péché et du Salut par le devoir et la pratique quotidienne de la vie chrétienne. C'est une religion protestante et puritaine : les temples sont sobres, les rituels rares et le culte se réduit à des hymnes et des sermons. Alfred Roberts était un des prêcheurs les plus appréciés de la région, un orateur inspiré, capable de parler très longtemps sans notes – comme sa fille plus tard.

Margaret Thatcher citait son père à tout bout de champ, donnant souvent l'impression de phrases tout droit sorties du manuel du parfait moraliste victorien. Un jour où on lui demandait ce qu'elle devait à son père, elle répondit : « L'intégrité. Il m'a appris qu'il faut commencer par être certain de ce que l'on croit. Ensuite, il faut agir. Il ne faut jamais transiger sur ce qui compte. » Lorsqu'en 1927, Alf devint conseiller municipal de Grantham, il insista pour que les parcs, les piscines et les courts de tennis soient fermés le dimanche. Toute sa vie, il joua un rôle important dans la politique locale, d'abord conseiller municipal, puis juge de paix, et enfin maire. Margaret fut plongée dans la politique dès son enfance. Elle accompagnait souvent son père et l'aidait dans ses tâches municipales ou électorales, si bien que le démarchage politique fut très tôt pour elle une activité parfaitement naturelle. Alf était un autodidacte forcené. Il passait le plus clair de son temps libre à dévorer des livres empruntés à la bibliothèque municipale de Grantham (les bibliothèques anglaises, même dans les petites villes, sont souvent excellentes). Il lisait tout ce qui lui tombait sous la main : histoire, politique, économie, biographies... tout sauf des romans, qu'il rapportait cependant à la maison, pour sa femme.

En 1917, Alf avait épousé Beatrice Stephenson, une couturière et, ensemble, ils avaient acheté l'épicerie-poste (établissement traditionnel dans les villages anglais) d'une des rues principales de la partie la moins aisée de Grantham. Ils logeaient au-dessus de l'épicerie. C'est dans cet appartement dépourvu de tout confort que sont nées leurs deux filles : Muriel d'abord et, quatre ans plus tard, Margaret. Mobilier massif, victorien. Non pas qu'Alfred ne pouvait s'offrir quelque confort, mais il jugeait futile ce type de dépense. Plus tard, Margaret, saura faire valoir ces débuts spartiates, dont elle ne cessera d'ailleurs jamais de vanter les vertus. « La vie n'était pas faite de plaisirs, mais de travail et de progrès. La maison était toute petite. Nous n'avions pas d'eau chaude et les toilettes étaient au-dehors. Alors, quand les gens me parlent de cela, je sais de quoi il s'agit. »

Alf et Beatrice travaillaient douze heures par jour, six jours par semaine. La vie à Grantham n'était pas gaie, et encore moins chez des puritains comme les Roberts. On se consacrait tout entier au commerce, à l'église et à l'éducation. Pas une activité qui ne fût prise au sérieux. « On nous inculqua un très fort sens du devoir. On insistait sur nos devoirs envers l'Eglise, envers nos voisins et sur l'importance du jugement moral. » Alf ne supportait pas d'entendre dire chez lui : « Je ne peux pas » ou « C'est trop difficile ». Le jeudi, l'épicerie fermait plus tôt et Alf suivait avec ses filles des cours du soir sur les questions d'actualité : politique, économie, affaires internationales, etc. Lorsqu'il ne pouvait s'y rendre, Margaret prenait des

13

notes, et lui faisait en rentrant un compte rendu détaillé. « Mon père considérait la vie comme une chose très sérieuse. Son leitmotiv était qu'on ne devait jamais rester à ne rien faire. » Le dimanche était consacré à la religion. Les filles assistaient à l'enseignement méthodiste à dix heures, au service avec leurs parents à onze, suivaient de nouveau les cours en début d'après-midi et enfin allaient aux vêpres à dix-huit heures. Seules activités permises ce jour-là : la cuisine et les comptes du magasin, parce que c'était le seul moment de la semaine où on avait le temps. Aucun jeu, aucun loisir, pas même la lecture des journaux, activité dominicale pourtant si importante en Angleterre. Margaret conserve un vif souvenir d'une excursion en famille à la ville voisine de Nottingham, pour voir un film de Fred Astaire, événement en apparence si rare qu'elle le narrait comme une épopée. Interrogée sur ses loisirs d'adolescente, elle répondit un jour : « Je pense n'être jamais allée danser avant mon entrée à l'université. Mes parents désapprouvaient la danse. J'avais seulement le droit de faire de la danse classique et rythmique parce que c'était une activité culturelle, car tout devait obligatoirement avoir un contenu culturel. »

Parfois le père et la fille cadette assistaient ensemble à des conférences d'histoire contemporaine. Il y avait aussi un club de musique, qui se réunissait une fois par mois autour de musiciens de passage : toute la famille s'y rendait. « Nous allions à tout ce qui avait le moindre contenu éducatif ou culturel. C'était notre vie. »

La vie sociale des Roberts tournait surtout autour de l'Eglise méthodiste. On organisait des soupers, des thés, des soirées chantantes ou de jeux d'orthographe (jeu traditionnel en Angleterre, bien avant l'invention du « Scrabble »), des distributions aux pauvres du quartier.

Et Margaret accompagnait les hymnes à l'harmonium. Elle ne connaissait pas d'autre mode de vie et le régime imposé par son père lui semblait aller de soi : travail, église et culture. Elle semble ne pas en avoir particulièrement souffert et s'y être même, au contraire, elle s'y est même conformée dans le but d'exceller. Plus son père se montrait exigeant, plus Margaret remportait des succès. Car en l'absence d'un fils, Alfred avait tout misé sur cette seconde fille qui lui ressemblait tant et il lui inculqua avec un zèle inlassable ses convictions, sa soif de connaissance et sa passion pour la chose politique. Il lui enseigna aussi les valeurs agressivement mesquines du petit commerce, qu'elle devait revendiquer tout au long de sa carrière. « Ma politique est fondée sur ce que des millions de personnes ont appris chez eux : une journée de paie honnête pour une journée de travail honnête; vivez selon vos moyens; mettez de côté pour les jours difficiles; payez vos factures à temps; aidez la police. » Alf lisait tout, et Margaret avait l'impression qu'il savait tout. « Une fois, je lui ai demandé ce que voulait dire 'problème fiduciaire'. Il le savait. 'Etalon-or'? Il le savait aussi. » Les dîners chez les Roberts étaient de véritables petits séminaires. Le père et la fille y discutaient intensément, gravement, des causes de la grande dépression, de la politique du gouvernement de l'époque, dirigé par Stanley Baldwin, de la montée d'Hitler et de Mussolini, le tout avec une totale conviction et un sérieux absolu.

A l'égard de Beatrice, sa mère, Margaret semble avoir oscillé entre estime et indifférence. Les commentaires fusèrent lorsqu'on découvrit que sa première entrée dans le *Who's Who*, en 1976, la décrivait simplement comme « fille d'Alfred Roberts ». « J'aimais beaucoup ma mère, mais après 15 ans, je n'ai plus rien eu à lui dire », conclut

15

Margaret avec cette dureté qu'on lui connaît. Il lui arrivait pourtant de dire du bien de sa mère, surtout lorsqu'elle voulait vanter ses mérites de mère de famille et de maîtresse de maison. Car Margaret n'a jamais cessé de valoriser son propre rôle de « femme à la maison »; elle a même bâti une partie de son image sur ses qualités de femme d'intérieur, maternelle, bonne cuisinière, etc. Avant son mariage, sa mère possédait une petite entreprise de couture. Après, elle s'occupa du magasin, faisant le ménage, la cuisine, lavant, repassant et confectionnant elle-même les habits des filles. Elle vivait dans l'ombre de son mari et travaillait tout le temps. Margaret a voulu se démarquer de ce modèle (des deux sœurs, seule Muriel était proche de leur mère) mais on sentait qu'elle en admirait certaines qualités, qualités étrangères à sa propre personnalité : « Les enfants n'apprécient vraiment leur mère que le jour où ils grandissent et deviennent eux-mêmes des parents. Ma mère était une femme particulièrement généreuse. Quand elle avait fini de faire la cuisine pour plusieurs jours, elle faisait porter des gâteaux, ou ce qu'elle avait cuisiné, aux malades et aux pauvres du quartier. Plusieurs de nos amis étaient au chômage et nous partagions avec eux ce que nous avions. » D'autres témoignages confirment peu ou prou cette version un peu idéalisée de la parfaite famille chrétienne, à ceci près qu'on a aussi décrit les Roberts comme des gens plutôt prétentieux, vivant repliés à l'intérieur du cercle de leurs coreligionnaires méthodistes.

En 1936, Alf devint le plus jeune conseiller municipal de Grantham puis, en 1943, son maire. Ce fut le couronnement de sa carrière et de ses espérances, ce qui n'est peut-être pas sans importance lorsqu'on connaît le goût pour l'émulation de sa fille préférée. Ainsi, Margaret Thatcher deviendra plus tard la plus jeune dirigeante de l'Association des étudiants conservateurs d'Oxford, puis le plus jeune député conservateur aux élections municipales de 1950.

Il y avait toujours eu une grande activité civique à Grantham. Lorsqu'il devint conseiller municipal, Alf fit participer sa famille aux devoirs de sa charge, et lorsqu'il fut élu juge de paix, il emmena sa fille au Palais de Justice où elle assistait, fascinée, aux séances. Plus tard, elle raconterait que c'était là qu'elle avait pris goût au droit, qu'elle étudierait ensuite pour devenir spécialiste en droit fiscal. Bizarrement, Alf ne fut jamais membre ni du parti conservateur ni du parti travailliste, mais resta indépendant. Si l'on en juge par sa politique municipale, il aurait même plutôt été un travailliste de droite s'il n'avait eu à se battre, en tant que petit commerçant, contre la coopérative locale contrôlée par les travaillistes de Grantham. Bigot comme tant de petits-bourgeois anglais, protestant « anti-papiste » (« papiste » est le terme péjoratif qu'utilisent les protestants anglais pour désigner les catholiques), Alf était aussi farouchement patriote. Pour lui, la France était « totalement corrompue » et l'Allemagne franchement diabolique, ce qu'il ne manquait pas d'expliquer dans ses discours.

Après la guerre, Alfred mit en œuvre un vaste programme d'investissements pour améliorer les routes, les transports publics, les services de santé et de puériculture de sa ville. Comme nombre de ses contemporains, il était convaincu que l'argent public devait avant tout servir à améliorer les biens communs. Bien des années plus tard, sa fille s'efforcerait précisément de rogner, voire de supprimer, ce type de politique locale. On est d'ailleurs surpris par le nombre de choses que Margaret Thatcher a reniées dans son éducation lorsqu'elle est arrivée au pouvoir, alors même qu'elle proclamait son adhésion absolue à l'enseignement de son père. Le plus frappant, c'est que les principales cibles de ses attaques furent précisément ces institutions qui avaient permis son ascension sociale : l'éducation, le système légal, les dépenses publiques. Comme si elle avait voulu que les flots qui s'étaient fendus pour lui livrer passage se referment derrière elle.

Muriel, de quatre ans son aînée, ressemblait plus à leur mère. Comme elle, elle s'était montrait effacée et sans grande ambition. Margaret avait 13 ans quand Muriel quitta la maison pour entreprendre des études de kinésithérapie. Elle épousa plus tard un fermier que l'on disait avoir été repoussé par Margaret, et disparut de la vie sa sœur. Journalistes et biographes n'ont jamais pu tirer grand-chose d'elle sur leur histoire commune. La rumeur voulait que Margaret lui ait expressément interdit d'évoquer leur passé devant des journalistes.

La chose la plus importante que ses parents, surtout son père, inculquèrent à Margaret, fut une confiance inébranlable en elle-même. Plus tard, nombre de ses collègues et de ses critiques interpréteraient son « agressivité » comme révélatrice d'un manque d'assurance. Mais peut-être cette agressivité tenait-elle davantage au fait qu'elle était une femme dans un monde d'hommes empreint d'une certaine agressivité. La virulence d'une femme dans un monde masculin est toujours plus frappante, plus choquante, et le mépris de tant d'hommes politiques anglais pour la « stridente » Madame Thatcher est on ne peut plus banal : pour se faire entendre ou s'imposer, les femmes n'ont souvent d'autre choix que de se fâcher, voire de crier, au risque de faire grimper une octave trop haut leurs voix naturellement aiguës. On tolérait bien mieux le comportement méprisant et tyrannique d'Edward Heath, comme s'il allait de soi.

Dès l'âge de 5 ans, Margaret fut remarquée à l'école : enfant modèle, studieuse, sérieuse, première dans toutes les matières, jamais un faux pas, toujours sur son quant-à-soi, au grand agacement de ses camarades de classe qui ne l'aimaient guère, se moquaient d'elle et la trouvaient ridicule. Margaret se tenait à l'écart : le bavardage était une frivolité que la fille d'Alfred ne pouvait se permettre. Scrupuleuse en tout, elle était presque toujours première de sa classe, sauf l'avant-dernière année, où elle fut vexée de finir deuxième. A l'âge de 10 ans, elle remporta un prix de poésie. Une des enseignantes la félicita. « Vous avez eu de la chance » lui dit-elle. Margaret répondit froidement : « Ce n'est pas de la chance. Je l'ai mérité. »

Elle étudiait à fond toutes les matières. Elle était même très bonne en éducation physique et joua dans l'équipe de hockey sur gazon de son école. Mais selon ses professeurs, ce ne fut jamais une élève brillante, simplement une « bûcheuse ». Elle prit des cours de piano dès l'âge de cinq ans, instrument dont, selon ses camarades de classe, elle jouait d'une manière exagérément spectaculaire. Tout le monde en ricanait, sauf les Roberts.

Margaret fut donc une écolière solitaire. On ne lui connaît pas de « meilleure amie », par exemple. Son père la sermonnait sans cesse : « Prends tes propres décisions. Ne fais jamais quelque chose pour la simple raison que tes amies le font. Ne te dis jamais, 'puisqu'elles le font, j'ai envie de le faire.' A 11 ans, elle entra à l'école publique pour filles Kesteven and Grantham. Les frais de scolarité s'élevaient à 65 livres par an, somme qu'Alfred aurait parfaitement pu payer. Mais Margaret passa un examen et obtint une bourse, « pour le principe », devait dire Alf, et au cas où il disparaîtrait subitement.

Elle se passionna pour deux autres activités traditionnelles du système éducatif britannique : d'abord, la *debating society*, club de débats où l'on apprend à adopter n'importe quel point de vue et à le défendre envers et contre tout, en respectant certaines règles. Elle se fit offrir par son père des leçons d'élocution (plus tard, bien sûr, elle en prendrait d'autres : tout personnage politique conservateur devait impérativement se débarrasser de son accent plébéien). L'autre passion de Margaret fut l'art dramatique. Elle joua de nombreux rôles dans les productions de l'école. Elle adorait l'animation des coulisses, les feux de la rampe et le sentiment d'être au centre de l'attention. Cela devait lui rester. Finalement, tout ce que Margaret Roberts apprit au cours de son enfance lui servit plus tard : le précepte préféré d'Alf, ne jamais rien gaspiller, n'était pas tombé dans l'oreille d'un sourd.

Margaret avait dix ans quand les Roberts achetèrent une radio. Ce fut un événement : le poste devint un élément majeur de la vie quotidienne de la famille. Lorsque la guerre éclata, les informations entendues à la radio alimentèrent les incessantes discussions entre Alf et sa fille sur la politique, l'histoire et l'économie : père et fille se penchaient sur une carte de l'Europe pour y suivre les mouvements des troupes, discutaient de « la politique d'apaisement » de Neville Chamberlain, du rôle de Staline, etc.. Margaret était nettement plus au fait des événements que la plupart de ses contemporains. Toujours à la radio, elle écoutait chaque jour « Winston », comme elle a aimé appeler Churchill (qu'elle n'a rencontré que très brièvement, et une seule fois), ce qui devait irriter certains anciens du parti conservateur qui, eux, l'avaient fort bien connu.

En 1940, Margaret avait 15 ans. Grantham, important carrefour routier et ferrovière, fut sévèrement bombardée par les Allemands; toutes ses usines s'étant reconverties dans la production de munitions, la ville devint la cible régulière de raids aériens. Pendant quelques mois, il tomba plus de bombes par habitant sur Grantham que sur n'importe quelle autre ville anglaise. Comme les Roberts n'avaient pas de cave, lorsque les sirènes retentissaient, la famille se réfugiait sous la table de la salle à manger où Margaret continuait à faire ses devoirs.

Dès le début du blitz, l'école de Margaret accueillit les élèves d'une école publique de Londres, Camden High School, qui avait été évacuée. Désormais, la journée scolaire fut divisée en deux : le matin, les élèves de Kesteven avaient cours, et l'après-midi, ceux de Camden, pendant que Margaret et ses camarades de classe partaient aux champs pour ramasser des pommes de terre et contribuer ainsi à l'effort de guerre.

Muriel avait une correspondante en Autriche, une juive allemande nommée Edith. Ses parents écrivirent à Alf pour lui demander de prendre Edith sous sa protection s'ils arrivaient à la faire sortir de Vienne. Alf accepta sur-le-champ, Edith parvint à quitter l'Autriche et vécut avec eux pendant la durée de la guerre. Margaret écoutait pendant des heures, terrifiée et fascinée, les récits d'Edith sur les Nazis.

Parvenue en dernière année, Margaret commença à préparer son entrée à l'université. Elle avait toujours voulu y aller. Si possible à Oxford. C'était la porte de sortie de Grantham et ce pour quoi Alf avait œuvré depuis tant d'années. Elle choisit la chimie comme matière principale, pour deux raisons : elle était sûre que cela lui permettrait de trouver ensuite du travail – il lui semblait évident

21

qu'elle devrait subvenir à ses propres besoins – et en dernière année, à Kesteven, elle avait eu une enseignante de chimie exceptionnelle qui l'avait fortement motivée. Mais elle avait oublié un détail : l'examen d'entrée à Oxford comportait une épreuve de latin, et Margaret n'en avait jamais fait. Contre l'avis de la directrice de l'école (qu'elle défia), elle décida de comprimer cinq ans d'enseignement de latin en un seul. Elle se fit payer des cours supplémentaires par Alf et obtint une des meilleures notes de sa promotion.

Oxford et Cambridge ont fourni plus de la moitié des Premiers ministres anglais. Pour les gens d'origine modeste, le passage par l'une de ces deux prestigieuses universités était le seul moyen d'« effacer » le péché originel d'une naissance trop plébéienne.

Margaret passa l'examen d'entrée au collège de femmes de Somerville mais n'était pas assez bien classée pour être admise directement, et se retrouva sur la liste d'attente. Déçue, elle s'apprêtait à refaire une année de cours afin de repasser l'examen l'année suivante, lorsqu'un désistement lui permit d'entrer immédiatement à Somerville. Folle de joie, Margaret fit ses bagages et quitta Grantham – sans grand regret, si ce n'est celui d'y laisser son père. Lorsque l'on était né à Grantham et que l'on avait de l'ambition, il fallait commencer par en partir. Elle emportait avec elle les préceptes et les enseignements d'Alf, bien décidée à se montrer à la hauteur. Elle était loin d'imaginer jusqu'où la conduirait sa dévotion filiale. Son père lui dispensa un dernier conseil : « Ne suis pas la foule par crainte d'être différente. Décide par toi-même. Le cas échéant, c'est toi qui mèneras la foule ; jamais tu ne la suivras. »

Dès son arrivée à Oxford, elle se voua entièrement au

travail. Elle se levait à six heures du matin alors que les cours commençaient à neuf, et travaillait tard le soir, habitude dont elle ne s'est jamais départie. Margaret avait la chance de n'avoir besoin que de peu de sommeil, ce qui plus tard lui serait très utile.

Durant toutes ses années à Oxford, elle étudia sans relâche et dans une grande solitude. Au début, sa famille lui manqua beaucoup – elle ne l'avait jamais quittée et se retrouvait dans un milieu complètement étranger. La vie sociale à Oxford, bien que réduite par la guerre, n'avait pas grand-chose à voir avec celle d'une petite ville anglaise. Margaret fut incapable de s'intégrer. Son collège, Somerville, était divisé en trois groupes, distinction rendue manifeste par la répartition des places dans la salle à manger : aux trois grandes tables du haut (c'est-à-dire les plus proches de la « Haute Table » où les dignitaires du collège et les principaux professeurs prenaient leurs repas) se regroupaient les étudiantes étrangères. Aux trois tables du bas prenaient place les filles issues des public schools [1] – filles riches, socialement à l'aise. Et aux tables du milieu, les filles issues des écoles publiques, titulaires d'une bourse, avec leur morale puritaine et leurs accents régionaux. Même là, Margaret ne s'intégra pas vraiment. Elle parlait tout le temps de son « papa », maire d'une petite ville que personne ne connaissait, prenait tout terriblement au sérieux, travaillait du matin au soir, et consacrait le reste de son temps au militantisme politique à l'Association des étudiants conservateurs d'Oxford. Elle n'a d'ailleurs jamais semblé hésiter quant à son engage-

1. En Grande-Bretagne, *public school* veut dire école privée. On les appelle « public » parce qu'elles accueillent des enfants venus de tous les coins du royaume, tandis que les écoles publiques – les *grammar schools* et les *comprehensive schools* – répondent aux besoins locaux.

ment politique pour le conservatisme. A Somerville, à l'époque, la plupart des étudiants et des professeurs étaient de gauche et soutenaient le parti travailliste, ce qui n'a sans doute pas facilité l'intégration de Margaret. Elle traversa ces quatre années d'université en se faisant peu d'amis et laissa le souvenir d'une personne froide, hautaine et démesurément ambitieuse. On la soupçonnait de n'offrir son amitié qu'aux personnes susceptibles de faciliter sa promotion sociale et politique. Ses rares amis étaient des méthodistes, et elle passait la plupart de ses loisirs avec d'autres étudiants conservateurs.

Margaret fut une étudiante peu brillante, mais appliquée. Un de ses professeurs, prix Nobel de chimie en 1964, Dorothy Hodgkins, se rappelait : « On pouvait toujours compter sur elle pour écrire un article raisonnable, équilibré (...) mais je n'ai jamais pensé qu'elle s'intéressait réellement à la chimie. » Notons en tout cas que Margaret Thatcher fut le seul Premier ministre britannique à avoir étudié les sciences à l'Université.

Très vite, elle s'était inscrite à la Oxford University Conservative Association (OUCA), où elle milita avec tant de zèle et de fougue qu'elle en devint en 1946 la première femme présidente. Elle ne put s'inscrire à la prestigieuse société de débats, la Oxford Union, où tant de futurs premiers ministres et hommes politiques anglais de tous bords, dont Gladstone, Asquith, Macmillan, Wilson et Heath avaient fait leurs premières armes, car les femmes n'y étaient pas admises à l'époque. La présidence de l'OUCA comportait certains avantages : il fallait s'occuper des hommes politiques Tories (conservateurs) de passage à Oxford (par ailleurs une importante ville industrielle), déjeuner avec eux et les présenter lors de leurs interventions. Cela lui permit aussi d'assister à la conférence annuelle du parti conservateur. Sa principale distraction était la chorale Bach de l'université. Pendant les vacances universitaires, elle prit un poste de professeur dans une école secondaire et à son retour s'acheta, avec ses gains, une bicyclette. La seule aventure amoureuse qu'on lui ait connue fut la fréquentation d'un aristocrate anglais, un comte, pendant sa deuxième année d'université. Ses condisciples se plaignaient qu'elle ne parlait plus que de lui. Le jeune homme l'emmena passer un week-end dans son domaine familial pour la présenter à ses parents : sa mère désapprouva le choix de cette fille d'épicier et les choses en restèrent là. A part cette mésaventure, elle connut des flirts, mais rien de très sérieux : à cette époque-là, avec l'éducation religieuse et morale du milieu dont Margaret était issue, rares étaient les filles qui avaient des rapports sexuels avant le mariage.

La guerre se termina au cours de sa troisième année d'université, et Winston Churchill, héros national, provoqua des élections (les élections précédentes remontaient à 1935 et la durée normale d'une législature est de 5 ans). Le gouvernement de coalition fut dissous, et chaque parti reprit son indépendance. Margaret se dépensa beaucoup pour les élections à Oxford, où elle démarcha pour le compte du candidat Quentin Hogg, élevé plus tard à la pairie au titre de Lord Hailsham et qui fut Grand Chancelier (ministre de la Justice) du premier cabinet Thatcher. Le résultat de cette élection fut l'une des plus grandes surprises de l'histoire politique anglaise : non seulement Churchill, le sauveur de la nation, ne gagna pas l'élection, mais le parti conservateur fut écrasé par les travaillistes conduits par Clement Attlee. Margaret Thatcher fut indignée : « Nous étions abasourdis. Il était impensable que l'on ait pu rejeter Winston après tout ce qu'il avait fait. »

A partir de ce moment, Margaret Thatcher milita dans un mouvement de jeunes conservateurs qui voulaient changer radicalement l'esprit du parti. C'est à Oxford qu'elle lut avec passion le livre de Friedrich von Hayek, *The road to Serfdom*, qui eut une influence considérable sur le renouveau de la pensée libérale, aussi bien en Angleterre qu'aux Etats-Unis. Féroce pamphlet contre le pouvoir de l'Etat, ce livre partait du postulat que l'accroissement de ce pouvoir ne pouvait mener qu'à la tyrannie, voire au nazisme.

Ce furent Clement Attlee et son Etat-Providence qui permirent à Margaret de prendre la décision irrévocable de se lancer dans la politique : le gouvernement augmenta le salaire annuel des membres du Parlement de 600 à 1000 livres. Pour ceux qui n'avaient pas d'autres moyens, il était désormais possible de vivre, chichement certes, de ce salaire. « A partir de ce moment-là, il me fut possible de songer à une carrière politique. » C'est aussi à Oxford qu'elle commença à prendre ses distances avec le méthodisme et à se rapprocher de l'Eglise anglicane. Pour faire une carrière politique en Angleterre, il fallait, surtout pour un conservateur, appartenir au moins officiellement à l'Eglise anglicane, dont le chef est la reine. En réalité, Margaret n'entretint jamais de bons rapport avec cette Eglise, comme on le verra par la suite. L'Eglise anglicane était bien trop proche du catholicisme (et donc du « papisme ») pour la fondamentaliste qu'était par nature la fille d'Alfred.

Lors de ses examens finaux, Margaret « craqua » : Comme tant d'autres avant et après elle à Oxford, elle dut passer son premier examen à l'infirmerie. Elle se remit vite sur pied, et passa tous les autres examens dans des conditions normales. Elle obtint un diplôme honorable de

« seconde classe ». Elle était maintenant chimiste. Mais elle avait l'envie, sans en avoir les moyens, d'étudier le droit.

Elle trouva très vite un emploi de chimiste dans une usine de plastique, BX Plastics. Son travail consistait à tester les produits. Deux camarades sorties d'Oxford en même temps et employées dans la même usine lui proposèrent de partager un appartement, comme cela se pratique couramment en Grande-Bretagne. Mais Margaret, toujours solitaire, refusa et loua une chambre chez une veuve. Pas plus à BX Plastics qu'ailleurs elle ne parvint à s'intégrer, contrairement à ses deux condisciples d'Oxford. Ses collègues de l'usine l'appelaient « la duchesse », ou « Tata Margaret », tant elle gardait ses distances et avait l'air sérieux. Sans la moindre gêne, elle chapitrait tout le monde sur les bienfaits du conservatisme. On lui fit la réputation de ne pas s'intéresser aux points de vue des autres, de ne jamais leur demander pourquoi ils disaient ce qu'ils disaient, et de ne jamais admettre qu'un autre point de vue que le sien – c'est-à-dire celui du parti Tory – pouvait avoir le moindre intérêt.

De toute évidence, la fille d'Alf se savait différente des autres et n'avait pas l'intention de « suivre la foule ».

CHAPITRE 2

Mariage et maternité

« Premiers examens de droit en mai,
jumeaux en août, derniers examens en
décembre. J'aimerais rencontrer une autre
femme qui puisse en dire autant. »

DENIS THATCHER

La première opportunité politique de Margaret se présenta rapidement, au cours d'un dîner, pendant la conférence annuelle du parti conservateur en 1948. On cherchait un jeune homme solide pour défendre un siège impossible : Dartford, dans la grande banlieue de Londres, tenu depuis des années par un travailliste, Norman Dodds, qui disposait d'une majorité confortable de 20 000 voix. Une circonscription sans espoir, mais où un jeune homme ambitieux pourrait faire ses premières armes. Quelqu'un proposa le nom de Margaret Roberts et, bien que la section du parti de Dartford fût d'abord réticente à l'idée de voir une jeune femme défendre les couleurs conservatrices, sa conviction et son assurance l'emportèrent. C'est ainsi qu'à l'âge de 23 ans, elle devint le candidat conservateur pour Dartford, et le plus jeune candidat au Parlement britannique.

Elle quitta BX Plastics, trouva du travail dans une pâtisserie industrielle à Londres, la célèbre Lyons (elle y testait le sucre glace), et loua une chambre à Dartford. Entre son travail et le démarchage électoral, elle était à pied d'œuvre seize heures par jour. Elle se servit de sa chambre comme bureau et y organisa toute la campagne électorale. A Dartford, Margaret découvrit qu'elle possédait un grand atout : sa formidable capacité de travail. Elle se postait devant les usines, entrait dans chaque petit commerce, rendait visite aux malades, voyait les patrons locaux, bref, elle « couvrait » un maximum de terrain, parlait à tout le monde, tout en travaillant à plein temps. Levée à 6 heures du matin, elle se couchait à 2 heures.

Comme c'était une femme, et de surcroît la plus jeune candidate de tout le Royaume-Uni, elle attira à Dartford un essaim de journalistes qui se mirent à la suivre partout, décrivant ensuite son charisme exceptionnel. « Elle était courageuse dans les réunions et agréable dans les conversations. Zélée, volontaire, ambitieuse. » Et elle possédait déjà le ton qui devait marquer toute sa carrière : celui d'un chevalier en croisade. Pour elle, l'élection était un combat entre les tenants de l'esclavage et ceux de la liberté. Les travaillistes étaient le parti de la haine de classe et de la jalousie naturelle sur laquelle « il est impossible de bâtir une grande nation ou une confrérie des hommes ». Pourtant la campagne fut très fair play. Norman Dodds et Margaret Roberts montrant qu'ils se respectaient mutuellement. Après l'élection, il l'invita d'ailleurs à déjeuner à la Chambre des communes. Comme c'était prévisible, elle perdit l'élection de Dartford. Deux fois : en février 1950, puis en octobre 1951 – mais cette fois, le parti travailliste subit une défaite nationale, et Churchill, avec son légendaire mauvais caractère et ses soixante-dix-sept ans, revint au pouvoir.

* *
*

En 1951, Margaret Roberts épousa Denis Thatcher, un homme d'affaires de dix ans son aîné, amoureux de sa Jaguar et passionné de golf. Il joua un rôle décisif dans l'ascension de Margaret. D'abord, il finança sa carrière politique, qu'elle n'aurait jamais pu mener si elle n'avait épousé un homme riche. Ensuite il lui apporta un soutien moral indispensable.

Denis n'avait pas d'ambition politique pour lui-même. Il était satisfait de diriger l'entreprise de peinture que lui avait léguée son père et qu'il continua à développer avec succès. Denis était le petit-fils d'un fermier qui avait inventé un poison contre les mauvaises herbes et un désinfectant pour moutons. Lorsqu'il hérita de son père la *Atlas Preservatives Company*, c'était une entreprise de peinture et de produits chimiques florissante. Denis en devint le P-D.G. et, hormis les années de guerre (au cours desquelles il fut décoré), il y travailla continuellement à partir de 1934. En 1965, il vendit la compagnie pour 5 millions et demi de livres mais en demeura le président encore 10 ans. Lorsqu'il se retira en 1975, sa société, qui avait été rachetée par Castrol, puis par Burmah Oil, lui offrit une Rolls Royce comme cadeau d'adieu.

Margaret avait rencontré Denis le jour de son investiture comme candidate à Dartford. Il l'avait raccompagnée jusqu'à Londres dans sa Jaguar (qu'il conduisait trop vite à son goût). Il s'intéressa tout de suite à elle, mais elle semble avoir hésité, sans doute parce qu'il était divorcé depuis quelques années déjà (son ex-femme s'était remariée). La religion méthodiste réprouva le divorce, et Margaret songea peut-être à son père. Elle hésita deux ans

31

avant de se décider. Elle eut par la suite une réaction curieuse faisant comme si le premier mariage n'avait jamais eu lieu. Elle ne connaissait même pas le nouveau nom de l'ex-Margaret Thatcher (la première femme de Denis avait le même prénom qu'elle). Lorsque les journalistes finirent par lever le voile sur ce pan du passé de Denis, elle en fut bouleversée : on découvrit en outre que ses enfants ignoraient tout du premier mariage de leur père.

Denis aida Margaret tout au long de sa carrière : grâce à sa situation, il lui permit de rompre avec son passé et avec Grantham. Elle put faire des études de droit. Il avait les moyens de payer une *nanny* à plein temps qui vivait à la maison et s'occupait de leurs jumeaux. Plus tard, il paya leur pensionnat, ce qui donna à Margaret tout le temps pour poursuivre sa carrière politique.

« C'est l'argent de Denis qui m'a permis de démarrer », disait-elle sans fausse gêne. Mais Denis fut aussi un solide soutien moral. Avec ses dix ans de plus, il lui apportait une sécurité psychologique et, d'une certaine manière, une autre image paternelle.

Plus conservateur encore que sa femme, Denis était surtout connu en Angleterre comme le héros d'une « lettre hebdomadaire » que publia *Private Eye* (l'équivalent du *Canard Enchaîné*), lettre qu'il était censé écrire à son copain de golf, Bill, sur les affaires d'Etat : il y était dépeint comme un vieux conservateur bougon, obsédé par les « rouges », aimant le golf et un peu porté sur le gin. Pour protéger le caractère confidentiel de ces « révélations », « Denis » employait force sobriquets pour désigner les personnages politiques. Dans ces lettres, les événements politiques réels étaient décrits, du point de vue des coulisses bien sûr, mais ils constituaient autant d'obstacles encombrants à la réalisation des projets de Denis, c'est-à-dire se rendre avec Bill au club de golf ou de cricket, non pas pour y pratiquer ces sports, mais pour boire ensemble de la « soupe électrique », c'est-à-dire de l'alcool, notamment les fameux gin-tonic.

« Il était dans les produits chimiques. Moi, j'étais chimiste », expliquait-elle. « Il s'intéressait aux finances. Moi, à l'économie. Nous nous intéressions tous deux à la politique. Nous avions beaucoup de choses en commun. » Pas très lyrique, la jeune Margaret! Mais presque tout le monde s'accordait à dire que le couple s'entendait bien, et leur affection réciproque a toujours été notoire dans le royaume. Denis était un peu plus romantique : « J'ai été frappé par ces mêmes qualités qui me frappent aujourd'hui. Elle était belle, gentille et réfléchie. Qui peut rencontrer Margaret sans être bouleversé par sa personnalité et son intelligence? » A l'évidence, Margaret a toujours beaucoup compté sur Denis, sur son soutien et son approbation. « Rentrer à la maison, tard le soir, me servir un verre, et m'installer confortablement dans un fauteuil pour parler avec Denis. » Elle, qui avait tant de mal à discuter de quoi que ce soit avec son entourage politique, parlait de tout avec Denis. « Ses avis politiques sont simples et directs et il est très au courant des affaires et de l'économie. » « Quand tout va mal », avoua-t-elle un jour, « je n'ai personne vers qui me tourner, sauf Denis. Alors, il passe son bras autour de mes épaules et me dit 'Chérie, à t'entendre, on dirait Harold Wilson'. Et là, j'éclate de rire ».

Mais, parce que Margaret travaillait tout le temps, Denis mena sa propre vie : il était très souvent en voyage d'affaires, ou en train de jouer au golf quelque part dans le monde. Aucune infidélité notoire, aucun scandale, malgré son penchant bien connu pour l'alcool.

Lors des réceptions, il était souvent un peu gris en effet. Ce qui exaspérait Margaret, qui se tenait alors aussi loin que possible de lui, à l'autre bout de la salle, pour mieux l'ignorer. Il a même fallu que des membres bienveillants du parti l'expulsent discrètement de certaines soirées. En privé, Margaret avait plus d'indulgence : quand Denis rentrait « sans genoux », comme elle disait, elle lui servait une boisson chaude et le mettait au lit.

Le goût de Denis pour l'alcool embarrassait les conseillers de Margaret qui craignaient son franc-parler, dans le style « vieux major des colonies ». Et puis, sous l'emprise de l'alcool, il ne savait plus se tenir. « Foutre, Margaret ! Ça, c'est un discours ! », s'écria-t-il lors d'un dîner en l'honneur d'Andréas Papandréou, le Premier ministre grec, après qu'elle eut fini son toast. Puis, se tournant vers la femme de l'archevêque de Canterbury, assise à ses côtés, il ajouta : « Oh, excusez-moi, Madame ! J'avais oublié que vous étiez là. »

Un jour où on lui demandait si le Premier ministre et lui avaient des comptes en banque séparés, il répondit : « Et comment ! Et des lits séparés, aussi ! »

Si on laisse de côté ses écarts dus à l'alcool, tout le monde semble d'accord pour dire que Denis n'a jamais causé de véritables embarras politiques à sa femme. Il s'est toujours montré discret, « quelques pas en arrière », comme il aimait à le dire (allusion non dépourvue d'ironie au prince Philip, mari de la reine Elisabeth, qui, lui, est effectivement obligé de se tenir quelques pas en arrière), et ce bien qu'il ait été politiquement plus à droite que Margaret et ne mâchait pas ses mots. Il adorait, par exemple, l'Afrique du Sud, qui avait « les meilleurs terrains de golf », où il se rendait très souvent. Farouchement antisocialiste, il appelait les travaillistes des « Bolchies ».

Il lui arrivait de tenir des propos peu courtois sur les « étrangers ».

Ils se marièrent à Londres, le 13 décembre 1951. Aussitôt après son mariage, Margaret laissa de côté sa carrière politique pour se consacrer à ses études de droit. Elle ne devait revenir à la politique que sept ans plus tard. En choisissant la chimie puis le droit fiscal, Margaret faisait de son mieux pour que l'on oubliât son statut de femme. Le droit fiscal est une des branches les plus ardues de la loi : mais cela correspondait assez au penchant de Margaret pour le travail minutieux. Et c'est là que Margaret puisa certaines idées fiscales caractéristiques du thatchérisme.

Les *Inns of Court*, collèges prestigieux où l'on enseigne le droit, au cœur de la City de Londres, étaient à l'époque (et cela n'a guère changé) un bastion masculin. Les rares femmes qui y entraient se spécialisaient surtout dans les affaires familiales. En droit fiscal, il n'y en avait pratiquement pas. A la fin de ses quatre années d'études, Margaret se vit refuser une place qui lui avait pourtant été promise. L'avocat ne voulait plus d'elle : son clerc refusait de travailler avec une femme, car il pensait que cela ferait fuir les clients. Pour bien des politiciens anglais, le droit est un monde mystérieux et inaccessible. Les détails juridiques les mettent mal à l'aise. Margaret Thatcher, en revanche, a su se servir de la loi pour changer la politique : parfaitement à l'aise avec la pensée et le langage du droit, elle a tourné cette expérience à son profit.

Après un an d'études, elle apprit qu'elle était enceinte. Elle redoubla d'efforts pour passer ses premières épreuves avant d'accoucher, ce qui arriva deux semaines après la fin des examens. A la surprise générale, elle donna naissance à des jumeaux : une fille, Carol, et un garçon, Mark.

35

Denis n'était pas là. Il était allé à un traditionnel match de cricket connu sous le nom de *Ashes*, puis au *pub* avec des amis pour célébrer la victoire de l'Angleterre sur l'Australie. « Les jumeaux ? Eh bien ils sont nés le jour des *Ashes*, dira Margaret, non sans ironie (ce que certains biographes dépourvus d'humour interpréteront comme la preuve qu'elle ne s'est jamais intéressée à ses enfants). Ne pouvant joindre Denis, Margaret se rendit seule à l'hôpital, où elle accoucha par césarienne. Elle parla de cet accouchement solitaire avec fierté, et cela semble l'avoir renforcé dans l'idée qu'elle pouvait tout accomplir seule.

Pendant son séjour à l'hôpital, elle s'inscrivit au deuxième examen du barreau. « Je me souviens, je me suis dit que si je ne m'inscrivais pas tout de suite, pendant que j'étais à l'hôpital, je ne le ferais peut-être jamais. Par contre, si je m'inscrivais aussitôt, ma fierté me stimulerait. C'est ce que j'ai fait. » Quatre mois plus tard, elle passait et réussissait l'examen final.

Jusqu'à ce que les jumeaux aient cinq ans, Margaret travailla dans un cabinet d'avocats proche de la City. Les Thatcher vivaient à Chelsea : les parents dans un appartement, les enfants avec leur « nanny » dans l'appartement voisin loué à cet effet, une porte ayant été percée entre les deux. « Je n'étais jamais très loin – mon bureau était à vingt minutes de la maison – et je pouvais rentrer très vite s'il le fallait. » En fait, Margaret voyait assez peu les enfants – « entre l'heure du thé et l'heure du bain » (environ une heure et demie par jour). Plus tard, elle les verrait encore moins. Quant à Denis, il était souvent en voyage et continuait sa vie d'homme d'affaires comme si de rien n'était.

Puis les Thatcher, suivant la tradition de la bourgeoisie anglaise, déménagèrent pour la campagne proche de

Londres. Ils achetèrent une maison à Farnborough, dans le Kent, et faisaient l'aller-retour à Londres dans la journée. Leur « nanny », une femme très chaleureuse qui s'appelait Abbey, s'occupait des enfants et de la maison. Margaret partait tôt le matin et rentrait tard le soir. Abbey était équilibrée et gentille et apporta aux jumeaux de la chaleur et de l'affection. Margaret éleva ses enfants bien moins strictement qu'elle ne l'avait été elle-même, et ne semble pas leur avoir inculqué de préceptes rigides. « Je leur laissais toujours une lumière la nuit. C'est absurde de forcer des enfants à s'habituer au noir. C'est bien mieux d'avoir une veilleuse, de pouvoir se réveiller et se dire que tout va bien. » (Margaret, qui avait une peur terrible du noir, conservait toujours une lampe de poche dans son sac depuis l'attentat de Brighton en 1984, attitude qu'Alfred eût sans doute réprouvée.)

Margaret allait rarement voir ses parents. Ils rendaient parfois visite à leur fille et à sa famille. Les enfants Thatcher ont gardé un très bon souvenir de leur grand-père. Pendant un temps, Margaret renia son passé et ne mit pas les pieds à Grantham. Grâce à Denis, elle avait pu accéder à un autre milieu social, et semblait gênée par ses origines. Ce fut progressivement qu'elle comprit l'avantage politique qu'elle pouvait tirer de son enfance « pauvre »; se mettant alors à encenser l'épicerie, la vie modeste et travailleuse de ses parents. Par ailleurs, il est clair que Margaret, qui n'avait pas reçu beaucoup d'affection dans son enfance, eut des difficultés à s'adapter à ses propres enfants et à les comprendre. Une fois, par exemple, alors qu'ils étaient absents, elle fit le tri de leurs jouets et envoya ceux qu'elle trouvait trop vieux ou abîmés à une vente de charité. Les pleurs de ses enfants l'étonnèrent mais elle reconnut qu'elle avait commis une erreur.

Il était clair, à ses yeux, que dès qu'elle aurait l'occasion d'un nouveau départ politique, elle abandonnerait le droit fiscal. Au parti conservateur, les sections locales sont toutes-puissantes pour ce qui est du choix du candidat au Parlement. Elle posa sa candidature dans plusieurs circonscriptions conservatrices de Londres et des environs, et fut rejetée à chaque fois. On était impressionné par ses qualifications et son intelligence, mais on pensait qu'une femme avec des enfants en bas âge ferait mieux de rester à la maison. Cela mettait Margaret hors d'elle. Le parti conservateur était... conservateur!

Elle écrivit à cette époque des articles qu'on ne peut qualifier que de « féministes » : les femmes pouvaient et devaient avoir une carrière. C'était pure bêtise de croire que leurs familles en souffriraient. D'ailleurs, les femmes devaient faire de la politique. Il fallait plus de femmes au Parlement. Pourquoi n'y aurait-il pas une femme Chancelier de l'Échiquier, ou même au Foreign Office (Affaires Etrangères)? Quelques années plus tard, elle déclarait qu'une femme serait peut-être un jour premier ministre, mais qu'elle ne serait sans doute plus là pour le voir...

Finalement, sa grande chance se présenta. Finchley, une municipalité au nord de Londres, était une circonscription conservatrice sûre, tenue depuis 20 ans par un Tory qui prenait sa retraite. Margaret fut choisie parmi 200 candidats. Son discours fit une forte impression. Sans notes, elle martelait ses idées en agitant les mains avec beaucoup d'assurance et d'expressivité. Denis apprit par le journal la nouvelle du retour de Margaret à la politique : il jouait au golf en Afrique du Sud. Lorsqu'on lui demanda ce qu'elle ferait à Finchley, Margaret répondit : « J'expliquerai aux gens ce qu'est le Conservatisme et je mènerai mes troupes à l'assaut. »

Finchley fut le tremplin de Margaret : un grand quartier de Londres, près de Westminster, où le parti conservateur disposait en 1959 d'une majorité de 12 000 voix, où 61 % des habitants étaient propriétaires de leur logement, et où, plus du tiers des adultes appartenaient à une catégorie socio-professionnelle supérieure. En 1959, 20 % de la population de Finchley était juive. Le député de la circonscription devait forcément entretenir une relation privilégiée avec cette communauté. Dès le début, Margaret eut à régler un problème précis : juste avant son élection, les Tories s'étaient ligués pour exclure les juifs du club de golf de Finchley. Margaret sut démontrer aux membres de sa section que cette mesure était une aubaine électorale pour la partie adverse.

Pendant ses années à Finchley, les rapports de Margaret avec la population juive de Finchley furent particulièrement étroits. La fille du prêcheur méthodiste devint une habituée des synagogues, spécialiste des exégèses bibliques et admiratrice fervente du Grand Rabbin Immanuel Jacobovitz, dont elle devint une des proches. Ils avaient fait connaissance dans les années soixante et s'étaient découvert de nombreux points communs. Ils aimaient avoir de longues discussions sur des sujets fondamentaux. Un jour, le rabbin lui raconta une parabole dans laquelle un homme, se trouvant sur la route de la vie, laissait un bagage à la consigne : sa spiritualité. Pleine d'enthousiasme, Margaret répondit que c'était exactement pareil pour l'esprit d'entreprise : une idée égarée quelque part dans l'entrepôt des affaires. Margaret appréciait tout particulièrement ses propos sur l'amélioration de soi, sur la nécessité de ne compter que sur soi-même, de s'élever par ses propres moyens, etc. Les nombreux problèmes qu'elle avait par ailleurs avec l'Eglise anglicane ne firent que la rapprocher du judaïsme. Plus tard, dans les années quatre-vingts, eut lieu un affrontement idéologique très féroce, largement répercuté par la presse, entre le Grand Rabbin Jacobovitz, fervent défenseur du thatchérisme, et l'Archevêque de Canterbury, le Dr. Runcie, qui dénonçait les injustices sociales causées par ce même système. Au grand dam de nombreux conservateurs, il n'y eut jamais autant de ministres et de conseillers juifs au sein du parti et du gouvernement qu'au cours du thatchérisme. Sans parler du persiflage qui accompagna l'anoblissement à l'instigation de Margaret Thatcher, du Grand Rabbin Jacobovitz, désormais Lord Jacobovitz, qui entra à la Chambre des Lords en 1987.

**

En 1959, Harold Macmillan provoqua des élections anticipées. Margaret se lança dans la campagne électorale avec toute son énergie. Sa technique était simple : parler à tout le monde, visiter tous les commerçants, toutes les maisons de retraite, tous les bureaux, toutes les écoles, toutes les associations et même les syndicats, qui en général ne voyaient jamais le candidat conservateur. Margaret n'oubliait jamais un nom, un enfant, une maladie; elle déployait un charme et une grâce qui ne sont pas habituellement associées à son image publique, mais dont ont témoigné tous les gens qui l'ont approchée de près.

Margaret Thatcher remporta son siège avec une confortable majorité de 16 250 voix. Sa victoire eut lieu un jeudi, le 8 octobre 1959. Dès le lundi, elle avait envoyé 700 mots de remerciements manuscrits aux gens qui avaient œuvré à ses côtés pendant la campagne. Détail important, car ce genre de comportement devait toujours faire partie du « style » Thatcher, et étonner ou choquer plus d'un membre flegmatique de la machine politique anglaise.

Un député, un *Member of Parliament* (« M.P. » comme disent les Anglais), représente à la fois son parti et une circonscription. La plupart des élus reçoivent un courrier important de leurs mandants : en moyenne, 50 lettres par jour. Un M.P. consacre en général deux ou trois jours par semaine et les week-ends à sa circonscription. Il doit régler un grand nombre de problèmes individuels : logement, travail, pension, permis de construire, école pour les enfants, problèmes de Sécurité Sociale ou d'impôts. Après quoi, il lui faut aussi s'occuper de l'intérêt général de la communauté : attirer des entreprises dans sa circonscription, obtenir écoles et hôpitaux, servir de médiateur entre patrons et syndicats, etc. Cette relation très personnelle entre le M.P. et sa circonscription revêt une grande importance : c'est à la fois un baromètre du climat politique et un mécanisme de communication entre les citoyens et le pouvoir politique. Margaret s'investit entièrement dans ses fonctions, s'entoura d'une équipe dévouée corps et âme, et prit en charge personnellement bien des tâches que d'autres M.P. négligent ou délèguent à leur secrétariat.

Westminster est un énorme labyrinthe, tant géographique que professionnel. Selon certains M.P., il faut un an au moins pour prendre le pli des rituels et de la manière dont le système fonctionne. Pour un nouveau venu, cela n'a rien d'évident. La Chambre des Communes et la Chambre des Lords ne représentent qu'une toute petite partie de Westminster, dont le plus ancien bâtiment date de 1097. Il y a, en fait, plus de mille salles au Parlement : les deux Chambres, des bureaux, des salles à manger, des bars, des bibliothèques, la salle des membres, la salle des pairs, la salle centrale, un gymnase, une chapelle, le tout décoré de statues des plus célèbres *old boys*. Le Parlement s'efforce de préserver l'ambiance ritualiste et hiérarchisée de ces autres institutions typiquement masculines que sont les internats, les « bonnes » universités (Cambridge et Oxford) et les clubs. Aujourd'hui, le gouvernement en place contrôle le Parlement grâce à sa majorité, mais le Parlement demeure une institution importante, un corps représentatif et législatif, une plate-forme pour l'opposition politique, un forum pour les débats et un lieu où les nouveaux politiciens peuvent acquérir de l'expérience.

Le nom traditionnel de la Chambre des Lords est la « Reine-au-Parlement ». Elle participe au processus législatif en tant qu'instance de rediscussion et de révision des lois (sauf pour les lois concernant les finances, qu'elle n'a jamais à examiner). L'appartenance à la Chambre des Lords est déterminée par la naissance, par nomination (par la reine sur le conseil du Premier ministre) ou par la position. Il y a environ 800 Lords héréditaires, 300 Lords à vie, deux archevêques et 19 Law Lords, juges siégeant à la Chambre des Lords. A peu près un tiers des membres se rendent rarement à la Chambre, ou ne s'y rendent jamais. Contrairement à la Chambre des Communes, aucune majorité conservatrice n'existe aux Lords et les indépendants y sont nombreux. Quant à la loyauté à son parti, elle a beaucoup moins d'effets sur les votes dans la Chambre haute que dans la Chambre basse.

Depuis quelques années, une polémique se développe autour de la deuxième Chambre : certains voudraient la réformer, d'autres, parmi les travaillistes, voudraient l'abolir. Mais l'existence d'une deuxième Chambre, parce qu'elle permet à une minorité d'hommes politiques de mener des débats de grande qualité sur des questions importantes sans être sous la pression d'un parti ou d'une circonscription, est généralement considérée comme essentielle pour la nation.

La Chambre des Lords est aussi un contre-pouvoir : après les élections de 1983 et de 1987, alors que le gouvernement conservateur avait une majorité aux Communes qui lui permettait de faire passer à peu près toutes les lois, la Chambre des Lords devint plus oppositionnelle et résista aux projets de loi. De 1979 à 1983, elle rejeta 45 projets ; de 1984 à 1987, elle en rejeta 19.

La Chambre des Communes est la première assemblée de la nation. Elle a plusieurs fonctions, dont la représentation, la législation, et le contrôle de l'exécutif. On y débat des questions d'actualité, et les gouvernements se recrutent parmi ses membres. Il y a 650 M.P. élus par 650 circonscriptions. Chaque M.P. est élu au scrutin majoritaire uninominal à un tour, et chaque circonscription compte environ 67.000 électeurs. Les M.P. sont élus au nom d'un parti, et c'est le parti qui décide de leurs activités à la Chambre. Il y a un parti de gouvernement (par exemple, conservateur), un parti d'opposition (par exemple, travailliste) et un certain nombre de tiers-partis d'oppositions, beaucoup plus petits.

Environ 33 % du temps parlementaire est consacré à la législation gouvernementale et 5 % aux propositions de loi (*Private Members Bill*) ; le reste du temps est occupé par les débats et l'examen de l'action du gouvernement. L'opposition peut faire obstacle à des propositions gouvernementales en déposant des motions de censure et, par toutes sortes de manœuvres tactiques, obliger le gouvernement à décaler le calendrier des mesures. Mais un projet de loi ne peut être retardé plus de treize mois.

Les projets de loi sont souvent élaborés par des commissions nommées, les Commissions ad hoc (*Select Committees*) et les Commissions non spécialisées (*Standing Committees*) : de 1979 à 1983, ces commissions se sont réunies 2 140 fois, ont demandé le témoignage de 1 312 experts et de 161 ministres, et ont publié 193 rapports.

Les ministres du cabinet au pouvoir, et les membres du *shadow cabinet* « cabinet fantôme » (de l'opposition), personnages éminents, ont droit aux « premiers bancs » et sont donc appelés *frontbenchers*. Derrière eux sont assis les sans-grade, les *backbenchers*, qui doivent séjourner dans l'ombre quelques années, en attendant que le Premier ministre, ou le chef de l'opposition, les remarque et les amène sous les projecteurs du *frontbench*. Par ailleurs, les *backbenchers*, peuvent causer bien des soucis à leur parti, en votant contre un projet de loi ou en posant une question gênante à un ministre.

Les « grands » des Communes, chargés d'initier les nouveaux dans leur long apprentissage des étranges coutumes locales, sont les *whips* (fouets), dont le rôle officiel est de diriger le groupe parlementaire, de s'assurer de la présence des députés ou des Lords et, surtout, de les faire voter conformément aux directives du parti. Leur chef, le *chief whip* ou le *shadow chief whip*, est un personnage capital dans les relations entre l'exécutif ou le *shadow cabinet* et les parlementaires. Les whips doivent néanmoins faire preuve d'une certaine souplesse dans leurs efforts d'embrigadement, sous peine de s'aliéner la base. C'est pourquoi seuls les votes importants sont assortis d'un *three-line whip*, à savoir un ordre écrit souligné trois fois, et donc irréfragable. Les votes recommandés par un *two-line* (deux lignes) ou un *one-line whip* (une ligne) laissent davantage de marge aux dissidents et aux excentriques.

L'absentéisme, quant à lui, est très mal vu, puisqu'il est impossible de voter par procuration : si un M.P. ne peut assister à un scrutin, il doit s'entendre avec un membre du parti adverse qui aura donc le bon goût de s'absenter en même temps – cela s'appelle le *pairing*.

Chaque séance des Communes est ouverte par une procession solennelle, conduite par le *Sarjeant at arms* responsable de la discipline parlementaire, qui porte la Masse en or, symbole de l'autorité du Parlement. Puis suivent le *speaker* (président de la Chambre), coiffé d'une perruque et vêtu d'une longue toge dont un assistant tient la traîne, le chapelain qui dirige la prière, et enfin un secrétaire. La Chambre entend ensuite les questions orales adressées aux ministres par les membres de l'assemblée, puis la présentation des projets de loi et des motions, et enfin la lecture de l'ordre du jour. Après quoi, elle procède aux débats. Lorsqu'une motion ou un projet de loi doit être soumis au vote de la Chambre, les députés qui appuient la proposition de loi gagnent le vestibule entourant la salle des séances par la droite du fauteuil du *Speaker*, les opposants font de même, mais en passant à gauche du fauteuil. Deux membres, appelés rapporteurs (*tellers*) sont chargés de compter les deux groupes au fur et à mesure des sorties. En général, les séances sont suspendues à 22 heures, mais la motion d'ajournement est débattue pendant un demi heure environ.

Les questions orales sont souvent très perverses. Le but du jeu est de piéger les ministres, de les acculer soit à s'engager au-delà de leurs désirs, soit à se contredire ou à contredire leurs collègues. En outre, elles sont toujours modifiées à la dernière minute, pour interdire les réponses préparées à l'avance. Jeffrey Archer, ami de toujours et conseiller par intermittence (entre deux scandales) de

Margaret Thatcher, a fort bien décrit le processus : « Tout M.P. communique à l'avance sa question au ministre, sous une forme anodine, par exemple : ' A quelle date le ministre a-t-il l'intention de se rendre à Aberdeen? ', et l'intéressé s'imagine pouvoir répondre qu'il n'en sait rien ou qu'il n'a aucun projet de ce genre dans l'immédiat. Mais en séance, tout en respectant la règle qui impose de ne pas changer le sujet de la question, le député demandera : ' Le ministre est-il au fait de la situation d'Aberdeen, où le taux de chômage est le plus élevé d'Europe, et a-t-il des solutions à proposer? ' Et le malheureux ministre doit alors trouver sur-le-champ une réponse satisfaisante. C'est pourquoi, pendant toute la journée précédente, ses conseillers ont épluché soigneusement le texte des questions pour détecter les pièges. »

Les ministres préfèrent donc de loin les questions écrites, d'autant que les règles parlementaires leur fournissent deux prétextes pour les éluder : le gouvernement ne peut être tenu responsable de l'action des gouvernements précédents, ni même obligé de donner la moindre information à son sujet et, surtout, les recherches que nécessiterait la question ne peuvent en aucun cas coûter plus de 200 livres au ministère concerné. Un jour, un M.P. travailliste accusa Margaret Thatcher de s'abriter derrière le dépassement des 200 livres pour ne pas aborder certains problèmes. Il lui demanda, en s'adressant au *speaker*, bien sûr, à combien de questions elle avait refusé de répondre depuis 1979 sous prétexte que cela dépassait le coût de recherche autorisé. Margaret Thatcher répondit : « Cette information ne peut être donnée sans dépasser le coût de recherches autorisé. »

La séance des questions est suivie par la discussion des projets de loi et motions. Le débat est, lui aussi, organisé selon des règles strictes : les députés, assis en deux camps se faisant face, ne doivent jamais s'adresser directement les uns aux autres, mais toujours feindre de parler au *speaker*, en ne désignant leur véritable interlocuteur qu'à la troisième personne. De plus, on ne s'adresse jamais à Monsieur Smith, député de Bromley, mais à l'honorable membre pour Bromley. Un membre du cabinet « très honorable » *right honorable*. Autre précaution devant le *front bench* de chaque parti est tracée une ligne qui isole de la table du *speaker* et la maintient à deux longueurs d'épée du parti adverse, ligne qu'il est interdit de franchir sous peine d'exclusion.

Cette ligne est quand même franchie de temps à autre, ainsi par Bernadette Devlin, l'indépendantiste irlandaise qui en 1972 gifla un conservateur, et par Michael Heseltine qui, lui, attrapa la masse, symbole de l'autorité parlementaire, et la fit tournoyer au-dessus de sa tête comme un guerrier médiéval, avant de la reposer et de présenter des excuses pour s'être emporté

Le *speaker*, arbitre absolu, assure la discipline des débats, fait appliquer les règles, et il n'est pas rare de l'entendre crier dans la salle : *Order, order*. Le *Speaker* est choisi parmi les M.P. et, une fois *speaker*, il doit oublier son affiliation partisane et rester strictement impartial, illustration de la confiance des Anglais pour le *fair-play*.

Malgré ces règles propres à empêcher injures et bagarres, les débats sont parfois très animés : les invectives sont d'autant plus fielleuses qu'elles restent toujours indirectes, et les attitudes sont sournoisement malveillantes. Ainsi, les discours sont ponctués de grognements divers, de *aye* approbatifs (forme archaïque du « oui » : seul un « bleu » indécrottable oserait dire *yes*), ou de cris scandalisés, de manière à désarçonner les orateurs du camp adverse. A la clôture de chaque session, le *speaker* demande « qui rentre à la maison (*Who goes home?*), expression datant de l'époque où les députés devaient voyager en groupe pour éviter les bandits de grand chemin.

L'un des événements parlementaires les plus attendus est le *Budget Day*, jour d'annonce de la loi de finances, suivie avec passion par tous les Anglais, mais surtout par les milieux financiers de la City. Les mesures budgétaires, notamment fiscales, sont tenues secrètes jusqu'au discours du Chancelier devant les Communes : ce jour-là, la *Strangers Gallery*, destinée aux visiteurs, est bondée de correspondants de presse, voire de membres de la Chambre des Lords. Les députés eux-mêmes luttent pour les meilleures places : les conservateurs ont réservé leur siège en y laissant une *prayer card* (carte dière) à leur nom; les travaillistes, qui trouvent ce système peu démocratique, préfèrent arriver largement en avance. Quant aux agnostiques des deux partis, qui refusent de participer à la prière initiale, ils se contentent de ce qui reste. Pour la circonstance, certains députés s'habillent de manière à indiquer sans équivoque leur appartenance : quelques hauts-de-forme et gilets de soie chez les conservateurs, bleus de travail et casques de mineurs sur les bancs travaillistes.

Vers trois heures de l'après-midi, le Chancelier sort de son bureau, au n° 11 de Downing Street, montre aux journalistes la célèbre boîte de cuir (utilisée pour la première fois par Gladstone) qui renferme l'allocution et le résumé du budget, et se rend aux Communes. Les débats, en la circonstance, sont conduits par le *chairman of Ways and Means* (président de la Commission des Finances), car le *speaker*, en tant que représentant de la Couronne ne saurait présider à la discussion des finances du royaume. Le Chancelier se lance alors dans un discours intentionnellement long et fumeux afin de retarder l'annonce des mesures fiscales et financières jusqu'à l'heure de clôture des cotations à la Bourse, qui lui est signalée par un comparse. Evidemment, dès que le programme budgétaire est connu, de jeunes messagers, spécialement retenus à cet effet, se précipitent vers la City pour renseigner les agents de change.

Chaque session du Parlement commence en octobre par le Discours de la reine, et dure jusqu'au mois d'août.

Le Parlement se réunit du lundi au jeudi de 14 heures 30 jusqu'à au moins 22 heures 30, et le vendredi de 9 heures 30 à 14 heures 30, car les M.P. sont censés retourner dans leur circonscription pour le week-end.

Lorsque le *speaker* entre dans le hall central (le lobby) un policier crie *hats off, strangers* (« étrangers, enlevez vos chapeaux »).

Une séance est ajournée en principe à 22 heures 30, mais il n'est pas rare qu'elle dure toute la nuit. Entre 1979 et 1988, il y eut sept séances qui durèrent plus de vingt-quatre heures.

Le 20 octobre 1959, Margaret Thatcher assista, comme les 649 autres M.P., à l'ouverture officielle par la reine de la session parlementaire. Ce jour-là, selon la tradition, la reine se rend à la Chambre des Lords, vêtue de l'hermine et portant la couronne. Les pairs sont revêtus de toges rouges bordées d'hermine. Lorsque la reine a pris place sur le trône de la Chambre des Lords, un huissier (le *Black Rod*) est envoyé quérir les membres de la Chambre des Communes. Il doit frapper trois fois à leur porte avant d'entrer (symbole de l'indépendance des Communes vis-à-vis de la royauté). Il invite « l'Honorable Chambre à assister au discours de sa Majesté », discours qui a été rédigé par le gouvernement. Le discours de la reine, véritable programme gouvernemental, est débattu aux Communes pendant les six jours qui suivent l'ouverture.

Thatcher avait alors 33 ans. Ses enfants allaient bientôt partir en pension. Elle avait les moyens de son ambition, et un mari qui la soutenait totalement. C'était le plus jeune M.P. de Sa Majesté et la Chambre des Communes lui ouvrit ses vénérables portes sans savoir quel ouragan elle laissait entrer.

CHAPITRE 3

Du consensus à la rupture
1945-1979

> « Monsieur Attlee avait 3 anciens élèves
> d'Eton dans son cabinet. Moi j'en ai 6. Les
> choses vont deux fois mieux sous les conserva-
> teurs. »
>
> HAROLD MACMILLAN

Après la victoire sur les nazis, en juillet 1945, Churchill et les Tories, battus aux élections, avaient été rem-
placés par les travaillistes, dirigés par Clement Attlee,
leader du parti depuis 1935, et qui avait été membre du
cabinet de guerre de Churchill.

Les travaillistes qui, pour la première fois, étaient
majoritaires dans le pays, pouvaient enfin mettre en
œuvre la politique définie dans leur programme *Let us
face the Future* (Faisons face à l'avenir), programme
largement inspiré par les idées politiques du parlementaire libéral William Beveridge dans le domaine
social, et en partie par les idées de Keynes en matière
économique. L'idée directrice du programme était
d'assurer le plein-emploi en recourant au dirigisme et de
répondre à une forte demande sociale en mettant sur
pied le *Welfare State* (l'Etat-Providence).

L'Angleterre connut alors de profondes mutations. De
vastes secteurs de l'économie passèrent sous contrôle

public. Dès 1946, la Banque d'Angleterre et l'aviation civile furent nationalisées; en 1947, ce fut le tour des charbonnages et des télécommunications; puis, les deux années suivantes, les transports – chemins de fer, canaux, routes – l'électricité et le gaz; et enfin, en 1951, la sidérurgie. L'Etat devint ainsi le premier employeur du pays. Une autre transformation profonde marquait une rupture radicale avec la mentalité victorienne en faisant prendre en charge par l'Etat la santé, la Sécurité Sociale et le bien-être des citoyens.

La plupart des grandes lois organisant la Sécurité Sociale – le National Insurance Act, le National Assistance Act – furent votées entre 1945 et 1948. Elles instituaient l'allocation de chômage, le salaire et la retraite minimum. Mais la mesure la plus radicale fut l'organisation du service national de santé, sous la tutelle d'Aneurin Bevan, Ministre de la santé et du logement. Le National Health Service Act institua un service de santé gratuit. Bevan fit aussi construire plus d'un million de logements entre 1945 et 1950. Cette action sociale menée par Attlee et son gouvernement devait servir de modèle à l'Europe et au monde.

A la suite du coup de barre à gauche de l'après-guerre, les années cinquante furent dominées par le parti conservateur. Après six ans de gouvernement travailliste, les conservateurs revinrent triomphalement au pouvoir en 1951, avec à leur tête Winston Churchill, alors âgé de 77 ans. En 1955, il laissa la direction du gouvernement à Anthony Eden. Ces années de prospérité trompeuse s'accompagnèrent d'un effacement brutal de la Grande-Bretagne sur la scène mondiale : l'expédition de Suez fit l'effet d'une douche froide et coûta son poste à Anthony Eden. Conçu par Ferdinand de

Lesseps, contrôlé financièrement par les Britanniques, le canal de Suez fut nationalisé par Nasser en juillet 1956. Eden décida de le reprendre par la force avec l'appui de la France et d'Israël. L'intervention fut désapprouvée par le monde entier, dont l'U.R.S.S. bien évidemment, mais surtout par les Etats-Unis. Le président Eisenhower força les Anglais à se retirer en suspendant l'octroi d'un prêt et en laissant les marchés financiers spéculer contre la livre.

Pour les Anglais (et surtout pour la classe dirigeante), ce fut un choc psychologique terrible, qui mit à jour de graves fissures dans le pays. Les Britanniques estimaient avoir « gagné » la Deuxième Guerre mondiale. Certes, la Grande-Bretagne avait perdu la moitié de ses possessions coloniales, son commerce extérieur avait été réduit de moitié, et elle avait accumulé des dettes impressionnantes. Mais, dans l'euphorie de la victoire, peu de gens doutaient de la capacité de l'Angleterre à se remettre d'aplomb et à reprendre tout naturellement sa position politique et économique parmi les grands.

En 1950, la Grande-Bretagne était toujours considérée comme l'une des plus riches nations d'Europe, juste derrière la Suisse et la Suède, qui n'avaient pas participé à la guerre. Mais entre 1950 et 1973, période du long boom, le Japon connut une croissance moyenne de 9,7 % en moyenne, la R.F.A. de 6 %, la France de 5,1 %, et la Grande-Bretagne de 3 % seulement. (Il n'existe aucun précédent d'un pays développé connaissant un déclin si rapide.) L'Angleterre n'était plus une grande puissance ; mais les Anglais, et d'abord leur classe dirigeante, refusaient de l'admettre. Et le pire était encore à venir. En 1978, un an avant l'élection de Margaret Thatcher, plusieurs pays européens avaient un revenu par habitant supérieur de 50 % à celui de la Grande-Bretagne.

Après le fiasco de Suez, Eden démissionna et fut remplacé par Harold Macmillan. Macmillan semblait sorti tout droit d'une autre époque : il avait quelque chose d'edwardien (Edward VII, qui régna de 1901 à 1910, était le fils de la reine Victoria). Il fréquentait les meilleurs clubs, avait fait ses études à Eton, la plus prestigieuse des *public schools*, ainsi qu'à Oxford, et s'exprimait avec un accent typiquement aristocratique : voyelles allongées, consonnes avalées. En 1958, le gouvernement de Macmillan comptait 35 membres de sa famille sur un total de 85 personnes.

L'élection de 1959 marqua l'apogée de ce que l'on a appelé en Grande-Bretagne la « politique du consensus », qui aujourd'hui paraît plutôt illusoire. Le consensus, c'est-à-dire l'idée que les conservateurs et les travaillistes avaient plus de choses en commun que de différences, surtout en ce qui concernait la gestion de l'économie et l'Etat-Providence, tenait plus d'une nécessité psychologique que d'une réalité objective. En fait, tandis que gouvernements conservateurs et travaillistes alternaient au pouvoir pendant plus de trente ans, la Grande-Bretagne connut, bien plus que d'autres pays, des retournements idéologiques radicaux : votes puis abrogations de lois, nationalisations puis dénationalisations (la sidérurgie, par exemple, nationalisée en février 1951, dénationalisée après la victoire des conservateurs en 1953, puis renationalisée en 1967). « Il n'y a jamais eu de consensus..., les partis n'ont jamais été d'accord sur leurs politiques », disait Edward Heath en 1971. Les dissensions internes (politique européenne, politique économique, défense nucléaire, etc.), dans les deux grands partis s'accentuèrent au cours des années 70 avec l'ascension de Margaret Thatcher dans le camp conservateur, et celle d'Anthony Benn chez les travaillistes (qui entraîna à terme la scission du parti et la création en 1981 du parti social-démocrate – s.d.p. –, ce qui affaiblit durablement les travaillistes). L'année 1959 marqua aussi la troisième victoire consécutive des conservateurs. L'Angleterre vivait dans l'illusion d'un boom économique : la consommation des ménages doubla, les salaires augmentèrent d'environ 5 % en chiffres réels, les achats d'automobiles se trouvèrent multipliés par dix. Alors qu'en 1951, seulement 4,3 % des Anglais possédaient une télévision, en 1964 ils étaient près de 91 %. Macmillan avait fondé sa campagne électorale sur cette belle certitude : « plupart d'entre nous n'ont jamais eu la vie aussi belle » (*most of our people have never had it so good*). Mais cette prospérité, écho atténué des « Trente Glorieuses », n'était que relative : la Grande-Bretagne était bel et bien engagée sur la voie du déclin. Dès 1965, le p.n.b. de la France était supérieur au sien; les investissements productifs ne représentaient plus que 13 % du p.n.b. (contre 16 % dans la c.e.e.); la balance des paiements était déficitaire. Quinze ans plus tard, lorsque Margaret Thatcher fut élue à la tête de son parti, le vent du « révisionnisme » souffla chez les conservateurs. Les années Macmillan furent sévèrement critiquées. Elles portaient en germe le désastre ultérieur : absence de discipline fiscale, acharnement aveugle en faveur d'une croissance incontrôlée, politique irresponsable de plein-emploi, scandaleuse désinvolture en matière de finances publiques. Les thatchériens se montrèrent impitoyables pour leurs prédécesseurs.

En 1960, Macmillan, en visite officielle en Afrique du Sud, prononça un discours qui marqua le début du démantèlement systématique et définitif du Commonwealth, (ou du moins de ce qu'il en restait) : « Le vent du changement souffle à travers ce pays et, que nous le voulions ou non, nous devons l'accepter et en tenir compte dans notre politique nationale », déclara-t-il. Ce fameux discours du « vent du changement », sans doute celui qui causa le plus de remous à l'intérieur du parti conservateur, est peut-être le plus caractéristique de la période Macmillan. Au cours des quatre années suivantes, la Grande-Bretagne abandonna ses dernières colonies. Toutes celles qui réclamaient l'indépendance l'obtinrent : le Nigeria, Chypre, la Sierra Leone, la Jamaïque, Trinité et Tobago, l'Ouganda, le Kenya, la Tanzanie, la Malaisie, Malte et la Zambie. On vit affluer en Angleterre des millions d'immigrants avec un passeport anglais, ce qui eut jusqu'à nos jours des répercussions immenses sur le pays. (Depuis 1932, les citoyens du Commonwealth n'étaient soumis à aucune restriction d'entrée en Grande-Bretagne. Le British Nationality Act confirma ce privilège en 1948, même si par la suite une série de lois vinrent restreindre le droit à la citoyenneté britannique.)

La gestion conjoncturelle dite du « stop-go », des Chanceliers conservateurs, fondée sur la technique des budgets anti-cycliques, était responsable de cette relative stagnation. Les budgets de croissance alternaient selon la conjoncture avec les budgets déflationnistes. Se succédèrent ainsi des phases de relance puis de freinage de l'économie, dans une tentative pour concilier la lutte contre le déficit extérieur et la lutte pour le plein emploi. Les périodes d'expansion entraînant une forte croissance des achats à l'étranger, la balance commerciale se détériorait et la livre s'affaiblissait. Ces mauvais résultats entraînaient alors des mesures de freinage de l'activité : hausse des impôts, renchérissement du crédit, réductions des dépenses publiques, qui limitaient les débouchés intérieurs. Comme les exportations ne prenaient pas le relais du marché intérieur déprimé, la croissance se ralentissait et le chômage progressait. Cette politique du *stop-go* gênait les entreprises et freinait l'investissement; elle ne profitait pas non plus au gouvernement. A partir de 1973, l'Angleterre entra dans une phase de *stop*-total, de stagnation et d'inflation à la fois : « la stagflation ».

En 1962, une crise dans la balance des paiements aggrava la situation de la livre, amplifia le chômage et conduisit à un blocage des salaires. La popularité de Macmillan s'effondra, dans un mouvement semblable à ce qui se passa pour Chamberlain au temps de la politique d'apaisement. L'industrie s'affaiblit; les patrons, à peine formés, devaient trop souvent leur place à leurs relations familiales. Pour la première fois, avec l'introduction *Welfare State*, la classe ouvrière avait été soumise à l'impôt sur le revenu et le taux d'imposition des bas salaires était le plus élevé du monde. « Supermac », comme on l'appelait, fut vite dépassé par la réalité. A partir des années 60, la Grande-Bretagne s'enferma dans un cercle vicieux : l'accroissement des dépenses engendrées par le *Welfare State* entraîna une augmentation des impôts qui elle-même rendit nécessaire une augmentation des salaires, ce qui accrut le coût du *Welfare State*, etc. Macmillan réagit en renvoyant six ministres lors d'un remaniement ironiquement baptisé « la nuit des longs couteaux », le 12 juillet 1962. Cela ne changea rien, et l'économie continua de s'enfoncer... En 1962, Macmillan demanda officiellement l'entrée de son pays dans la c.e.e. De Gaulle, furieux des accords anglo-américains sur les missiles Polaris, bloqua l'entrée de l'Angleterre, à la consternation des conservateurs. « Toute notre politique nationale et internationale est en ruines », devait déclarer Macmillan.

En 1963, éclata le scandale Profumo. John Profumo, ministre de la Guerre de Macmillan, avait eu une liaison avec une jeune femme, Christine Keeler. Il s'avéra qu'elle fréquentait par ailleurs un attaché militaire soviétique. Dans un premier temps, et en pleine séance des Communes, Profumo nia tout en bloc. Quelques jours plus tard, contraint d'avouer qu'il avait menti au Parlement, il démissionna. Le gouvernement vacilla. Le scandale battait son plein lorsque Macmillan invoquant son état de santé démissionna lui aussi. Les affaires de mœurs continuent de secouer les gouvernements britanniques. Margaret Thatcher a eu, elle aussi, son lot de ministres sortis du droit chemin. On dit, en Angleterre, que les ministres conservateurs tombent à cause des scandales liés au sexe et les travaillistes à cause de scandales liés à l'alcool.

Macmillan fut remplacé par le Secrétaire d'Etat aux affaires étrangères, Lord Home. Sa désignation se fit selon la tradition conservatrice : secrètement et non démocratiquement, par un réseau d'anciens élèves de l'école d'Eton qui formaient la direction du parti. Le choix de Lord Home n'était certainement pas du goût de la grande majorité des M.P. conservateurs, et le mode de sélection fut fortement contesté. Selon la tradition Lord Home, dut renoncer à son titre pour devenir Premier ministre. C'était un homme d'un autre temps, discret, la parfaite caricature de l'*old boy* paternaliste d'avant-guerre; bref, un anachronisme vivant. A peine un an après son accession au pouvoir, il provoqua des élections générales. Les Tories les perdirent de très peu. Les travaillistes, avec à leur tête leur nouveau leader, le jeune et brillant Harold Wilson, formèrent le gouvernement avec une mince majorité de quatre sièges. Avant de partir, Sir Alec Douglas Home rendit un précieux service à son parti : il réforma le mode de désignation de son leader, réforme dont les conséquences se feraient sentir bien des années plus tard, puisque sans elle, Margaret Thatcher n'aurait jamais eu la moindre chance d'être élue Premier ministre. Il institua une procédure de vote dans laquelle le gagnant devait avoir au moins 15 % de plus de voix que ses rivaux pour gagner. Sans cela, il fallait un second tour, auquel d'autres candidats pouvaient se présenter, et à nouveau 15 % d'avance. Et si à nouveau il n'y avait pas de gagnant, il fallait un troisième tour. (Plus tard, cette formule fut à nouveau changée : au deuxième tour, il faudrait désormais que le premier ait plus de 50 % des voix et au troisième le chef du parti serait celui qui avait la majorité simple.) Le premier à profiter du système en succédant à Lord Home fut Edward Heath, lui-même issu d'une famille modeste.

L'analyse des années Macmillan allait devenir l'événement intellectuel, le fondement de la redéfinition du conservatisme, le début de sa transformation en thatchérisme. Mais en octobre 1964, aux yeux de Margaret Thatcher, l'élue de Finchley, la défaite des conservateurs ne représentait qu'un revers de fortune passager pour un parti dont elle soutenait à fond la politique. Margaret Thatcher vota pour Edward Heath, et celui-ci succéda à Lord Home comme leader du parti conservateur et Premier ministre fantôme.

L'ère wilsonienne commençait. Né en 1916, issu d'une

59

famille de la petite bourgeoisie, Harold Wilson avait fréquenté l'école publique, puis obtenu une bourse pour Oxford, où il avait fait de brillantes études en sciences politiques et économiques. Plus jeune Premier ministre depuis le début du siècle, Wilson entra à Downing Street à l'âge de 48 ans, en promettant à l'Angleterre une ère « technologique, moderne et égalitaire ». Il s'entoura d'une équipe jeune et non moins brillante que lui.

La Grande-Bretagne des années soixante fut le théâtre d'une véritable explosion culturelle, de renaissance, connue sous le nom *swinging sixties*. Et les Britanniques avaient un Premier ministre jeune, brillant et socialiste.

En 1966, deux ans après avoir gagné les élections avec une mince majorité de 4 sièges, Wilson rappela les Anglais aux urnes. Sa majorité passa à 97 sièges, une avance confortable qui lui permit d'accélérer les réformes promises par le parti travailliste.

Wilson réorganisa les ministères et l'administration et, s'appuyant systématiquement sur les médias, renforça encore le rôle du Premier ministre. En 1964, il lança un mouvement de planification et de développement, qui le conduisit à renforcer le pouvoir des syndicats. En 1965, il créa le *National Prices & Incomes Board*, symbole des années wilsoniennes, un organisme destiné à réglementer les augmentations de salaires et à accroître de 25 %, sous contrôle, le revenu national de 25 %. Il renationalisa la sidérurgie en 1967 et se lança dans une vaste entreprise de fusion et de réorganisation des secteurs industriels et financiers, dans le but de dynamiser « le capitalisme national sous le contrôle stimulant de l'Etat ». L'objectif était plus « libéral » que « socialiste » mais les progrès sociaux n'en furent pas pour autant négligeables : en 1965, la peine de mort fut abolie, en 1967 l'avortement fut légalisé et la législation sur l'homosexualité libéralisée. En 1965 encore, le système éducatif fut réformé et démocratisé par la création des *comprehensive schools* fondues dans un plus vaste réseau d'écoles d'Etat, dans le but d'abolir les barrières de classe tenues pour responsables en grande partie du déclin du pays. Malheureusement, la mise en œuvre de cette politique fut souvent trop brutale, mal planifiée, et ses résultats désastreux dans de nombreux cas. Les premières écoles étaient immenses et difficiles à contrôler, et les professeurs, recrutés en masse, n'étaient pas toujours qualifiés. Mais ce sont surtout les divisions internes des travaillistes qui minèrent les ambitions modérées, technocratiques, et libérales de Wilson.

La droite du parti conservateur trouva un allié de circonstance à l'intérieur du parti travailliste : Anthony Benn. Leur ambition commune était de briser ce qu'ils considéraient comme une collusion entre les deux partis, la politique de consensus. Pour Margaret Thatcher, le consensus était une main tendue au socialisme et conduirait inéluctablement au collectivisme. Pour Anthony Benn, le consensus représentait la collaboration du parti travailliste avec le capitalisme et la trahison de la classe ouvrière.

Aristocrate de naissance, Benn avait renoncé à ses titres et rejoint les travaillistes. Situé à l'extrême gauche du parti, il eut une grande influence pendant les années 70-80, et faillit prendre la direction du parti. Ce fut un formidable opposant à l'entrée de la Grande-Bretagne dans la C.E.E. Il combattit pour l'instauration de la démocratie directe à l'intérieur du parti et se fit le champion du désarmement nucléaire unilatéral. Comme

Margaret Thatcher, c'était un populiste. Amoureux de la classe ouvrière, il se promenait toujours avec un gobelet de mineur dans lequel il prenait son thé. Bref, Tony Benn et sa tendance d'extrême gauche <u>ôtèrent</u> toute crédibilité nationale au parti travailliste pendant une bonne dizaine d'années et laissèrent le champ libre aux conservateurs.

A partir de 1967, Wilson et son gouvernement commencèrent à avoir de graves ennuis. En raison de dépenses gouvernementales de plus en plus importantes et d'un marché très déprimé, la situation économique continua à se détériorer. Wilson freina les dépenses de l'Etat et gela les salaires pendant six mois ce qui était exactement ce qu'il avait dit qu'il ne ferait pas. Tout le monde l'attaqua, particulièrement l'aile gauche de son parti, que Wilson prévint des risques d'une révolte trop dure. Le *Trade Union Congress*, la confédération syndicale anglaise et la composante la plus puissante du parti travailliste, se retourna aussitôt contre lui. La réaction de Wilson fut de préparer des lois anti-syndicales. On cria à la trahison dans le parti, qui avait été à l'origine le bras politique du mouvement syndical. Humilié par son propre parti, Wilson fit marche arrière et retira ses propositions. Les Britanniques commencèrent à se demander si les leaders syndicaux n'étaient pas les véritables dirigeants du pays – ils devaient avoir de nombreuses occasions de se reposer la question, et la suite des événements confirmerait leurs doutes. En 1968 et 1969, ils durent faire face à plusieurs grèves et aux effets d'une livre dévaluée. Mais au printemps de l'année 1970, la situation sembla s'améliorer un peu : le parti et Wilson se réconcilièrent, et le Premier ministre se dit que le moment était propice pour des élections anticipées.

Quelques mois plus tôt, en janvier 1970, le cabinet fantôme conservateur s'était réuni au Selsdon Park Hotel, dans la banlieue de Londres, pour préparer l'éventuelle campagne électorale. A l'issue de cette réunion, les conservateurs s'étaient dotés d'un programme politique radical : diminution des impôts, réforme radicale de la Sécurité Sociale, renforcement des pouvoirs de la police et condamnation sévère des méfaits du « socialisme » en Grande-Bretagne. En réponse, Wilson inventa l'expression *Selsdon Man* (« Homme de Selsdon ») : un monstre, qui mènerait une politique monstrueuse.

Du côté des travaillistes, le livre blanc rédigé en 1968 par Barbara Castle, alors ministre travailliste de l'Emploi et de la Productivité, intitulé *In place of strife* (« Au lieu du conflit »), préconisait une régulation du pouvoir des syndicats et proposait de permettre au Premier ministre de décréter une « pause de conciliation » de 28 jours dans le cas de grèves sauvages, ou déclenchées sans qu'aient été épuisées toutes les possibilités de concertation. Alors que le communiqué de Selsdon préconisait la concurrence pour accélérer le changement, *In Place of Strife* insistait sur la responsabilisation de tous les partenaires.

Les propositions de Castle avaient l'appui de l'administration, d'une bonne partie des travaillistes et de nombreux membres de l'opposition. Si Wilson avait pu imposer ce projet aux syndicats, il aurait sans doute perdu le pouvoir en 1969, mais serait revenu en 1974 avec un prestige accru. Le pays ne voulait pas voir les syndicats muselés par les conservateurs. Il aurait préféré que cela soit négocié par les travaillistes.

Les élections eurent lieu le 19 juin 1970, et les conservateurs gagnèrent avec 30 sièges d'avance.

Edward Heath emménagea, avec son piano, au 10 Downing Street. Edward Heath était un nouveau type de leader conservateur. Il ne faisait pas partie de l'*establishment*. Fils de maçon, il était allé à l'école publique, puis avait obtenu une bourse pour Oxford, comme Wilson et Thatcher. En dépit de tous ses efforts, Heath avait conservé son accent du Sud-Ouest. Il était respecté dans son parti, mais pas aimé. Même quand les choses allaient bien, il n'inspirait pas de loyauté personnelle. Il était considéré comme un autocrate n'écoutant personne et dirigeant le parti un peu à la manière d'un proviseur, sec et hautain. Heath traitait les backbenchers de haut et insultait ses propres collègues du cabinet. Et surtout, Heath ne savait pas communiquer : ni avec le pays, ni avec son entourage. En dépit de quoi, il inaugura son mandat sous de bons auspices, ayant réussi à donner à son parti une nouvelle image. Pour la première fois, le leader conservateur n'était issu ni de la bourgeoisie, ni de la noblesse, mais bel et bien du « peuple ». Son plus grand succès politique personnel fut de faire entrer la Grande-Bretagne dans le Marché commun. Après deux ans de gouvernement « dur », conforme au programme de Selsdon, le premier choc pétrolier de 1973 ruina ses projets de réduction drastique des dépenses publiques. L'inflation reprit de plus belle, passant de 7 % pour les années 1970-73 à 16 % pour 1973-74. Le déficit commercial grimpa jusqu'à 3,3 millions de livres.

Et ainsi Heath fut contraint à son fameux *U-turn* (« volte-face ») de 1972. Il prit une série de mesures qu'il avait promis de ne jamais mettre en œuvre : il imposa des restrictions salariales et obtint, grâce à l'Industry Act, les moyens d'injecter une dose massive de capital dans les entreprises nationalisées en difficulté.

La réintroduction du contrôle de l'Etat sur le marché et l'industrie fut considérée comme une trahison par la droite du parti conservateur. Les problèmes s'aggravant, la crise éclata. Les grèves se multiplièrent. Les ingénieurs se mirent en grève, les entreprises fermèrent, il n'y avait plus de bateaux ni de journaux. Lorsque en janvier les mineurs aussi se mirent en grève, demandant une augmentation de salaire de 31 %, ce fut le chaos : les centrales électriques s'arrêtèrent, le gouvernement dut déclarer l'état d'urgence, et instaura le s.o.s. (*Shut Off Something* – « éteignez quelque chose »). Les panneaux électriques dans les grandes villes furent éteints, les thermostats réglés à 17 °C. Puis les cheminots se mirent aussi en grève et, à la fin de 1973, Heath dut imposer à la nation la semaine de trois jours ouvrables. A Noël, un demi-million de personnes avaient perdu leur emploi. Le nombre de chômeurs n'avait jamais été aussi élevé depuis la Grande Dépression.

En 1974, à bout de souffle, Heath retourna devant les électeurs. Sa question à la nation était explicitement la suivante : « Qui gouverne ? » Et implicitement : « Nous ou les syndicats ? ». La réponse fut : « Pas Heath. » Les travaillistes, quoique minoritaires, revinrent aux affaires. Wilson et son gouvernement se trouvaient confrontés à une situation catastrophique : les rues n'étaient pas éclairées, le pays était submergé par des grèves massives. Il débatsa 160 millions de livres en augmentations de salaires, et remit le pays en marche. Mais il était le chef d'un gouvernement minoritaire, le premier depuis la guerre. Les travaillistes avaient 4 sièges de plus mais moins d'électeurs que les conservateurs.

De juin à juillet 1974, les conservateurs et les libéraux s'allièrent 29 fois pour rejeter des projets de loi proposés par les travaillistes. Après sept mois, Wilson demanda à la reine de dissoudre le Parlement. Ce fut la fin de la session parlementaire la plus courte de l'histoire politique anglaise du xxᵉ siècle. La seconde élection de 1974, au mois d'octobre, donna aux travaillistes une avance de 43 sièges. Avec les petits partis, ils atteignaient la majorité absolue. Les conservateurs n'avaient jamais obtenu de résultats aussi faibles et ce fut la fin de la carrière de Heath comme leader Tory. Il venait de perdre coup sur coup deux élections, et le parti conservateur est particulièrement dur pour les perdants. La bataille pour la succession de Heath fut ouverte. Elle allait être gagnée par un outsider total, à peine connu du pays, qui n'avait occupé qu'un seul poste ministériel au cours de toute sa carrière. C'est ainsi qu'en 1975, Margaret Thatcher devint le chef du parti conservateur et, par conséquent, Premier ministre fantôme.

Wilson, en attendant, allait de déboires en déboires. Le chômage ne cessait d'augmenter; le déficit budgétaire ne faisait que se creuser et l'inflation avait atteint 27 %. Wilson annonça d'énormes coupes dans le budget de l'Etat. Ce fut la révolte ouverte au sein de son propre parti: les débats devinrent de plus en plus violents. Puis, soudain, Wilson démissionna, prétextant ses 60 ans. Et James Callaghan le remplaça, âgé de 64 ans...

En 1977, l'aggravation de la crise économique força Callaghan à demander un prêt de 200 millions de livres au Fonds Monétaire International (F.M.I.). Celui-ci imposa un strict régime d'austérité, comme si la Grande-Bretagne était un quelconque pays du Tiers Monde. En dépit des revenus pétroliers de la mer du Nord, la Grande-Bretagne était au bord de la faillite. Le trait d'esprit à la mode au Parlement était : « Si nous devenons un pays du Tiers Monde, nous pourrons au moins adhérer à l'o.p.e.p.. » Callaghan et son Chancelier de l'Échiquier, Denis Healey, s'appliquèrent à réduire le train de vie de l'Etat. Ils imposèrent une politique de contrôle strict des salaires et, le pétrole aidant, l'inflation tomba de 30 % à 13 %. Au printemps 1978, il semblait donc clair aux travaillistes qu'une élection s'imposait. Mais en décidant de ne pas appeler les électeurs aux urnes à l'automne 1978, James Callaghan commit sans doute la plus grande erreur de sa carrière, qui allait rejeter les travaillistes dans l'opposition pendant plus d'une décennie. Il décida de reporter l'élection au printemps 1979. « L'hiver du mécontentement » le rattrapa, et il fut dans l'impossibilité de choisir son heure pour le combat électoral : son gouvernement fut renversé le 28 mars 1979 lors du débat de censure demandé par Margaret Thatcher.

CHAPITRE 4

L'apprentissage politique

> « Je sens affluer l'adrénaline quand je les
> vois se préparer à m'attaquer et que je
> m'apprête à leur répondre. Je suis là, debout, et
> je me dis : Allez Maggie, tu es complètement
> seule. Il n'y a personne pour t'aider. Et j'aime
> ça ! »
>
> MARGARET THATCHER

Le Parlement entra en session le 20 octobre 1959 et Margaret, qui avait pris soin de prévenir la presse de l'arrivée du plus jeune M.P., fit des débuts assez remarqués.

Comme tous les élus qui n'avaient pas de portefeuille ministériel, elle ne disposait pas d'un bureau : sa secrétaire, qu'elle partageait avec un autre M.P., travaillait dans une petite salle avec d'autres secrétaires. C'était son Q.G. Il n'y avait pas de téléphone personnel, mais des cabines au bout de la salle et chaque fois qu'il y avait un appel, on demandait à haute voix le M.P. concerné. Ainsi, tout le monde était au courant de tout ce qui se passait, et les secrétaires, qui travaillaient pour plusieurs M.P. à la fois, comparaient entre elles l'activité et le mérite des uns et des autres. Dans ce système de vie « communautaire », on ne tarda pas à s'apercevoir de la formidable capacité de travail de Thatcher.

Lorsqu'elle arriva à Westminster, il n'y avait que vingt-

cinq femmes sur les six cent cinquante M.P. (soit 4 %).
Tout y respirait l'atmosphère d'une école de garçons : ses
statues des parlementaires britanniques les plus célèbres,
sa chapelle, son ambiance de vieux club. En 1959, il n'y
avait guère de place pour les femmes : huit siècles de tradition exclusivement masculine pesaient de tout leur
poids. Les femmes déposaient leurs affaires personnelles
dans le « salon pour dames ».

Barbara Castle, remarquable personnalité de l'époque,
ministre des Transports dans le gouvernement travailliste
de Harold Wilson, fut stupéfaite de constater que Margaret, dès les premiers jours, avait accroché à son porte-
manteau plusieurs vêtements de rechange et aligné huit
paires de chaussures. Fascinée par l'élégance « impec-
cable » de Margaret, Barbara Castle, installée de l'autre
côté de l'allée des Communes, l'observa et nota ses
réflexions dans son journal, véritable procès-verbal des
événements politiques entre 1974 et 1976.

Le premier obstacle que tout M.P. doit surmonter, c'est
son *maiden speech* (« discours de jeune fille », c'est-à-dire
son premier discours à la Chambre des Communes). En
général, c'est une expérience éprouvante. Il n'y a que cinq
ou six *maiden speeches* à chaque session du Parlement, et
certains nouveaux membres doivent attendre des années
avant de faire leur premier discours. L'ordre des inter-
venants est déterminé par tirage au sort des noms dans un
chapeau. Encore une fois, la chance sourit à Margaret :
son nom fut tiré en deuxième. Ainsi, elle prononça son
maiden speech quelques semaines à peine après l'ouverture du Parlement.

Elle choisit de défendre un projet de loi qui donnait à la
presse le droit d'assister aux réunions des assemblées
locales. Jusqu'alors, chaque municipalité choisissait

d'admettre ou non les journalistes. Margaret défendit le point de vue selon lequel chacun avait le droit de savoir comment est dépensé l'argent public.

Nombre de ses biographes se sont montrés surpris par le thème de son discours, car Margaret Thatcher n'a jamais manifesté un amour particulier pour la liberté de la presse. Mais en l'occurrence il s'agissait surtout de porter un coup aux pouvoirs des municipalités, pour la plupart aux mains des travaillistes.

En fait, elle avait deux autres très bonnes raisons de défendre la presse, lors de son *maiden speech*. D'abord, cela lui permettrait de mettre en valeur sa prodigieuse mémoire et sa maîtrise des détails (27 minutes sans notes, un débit époustouflant, une avalanche de chiffres et de faits). Et en effet, la Chambre fut impressionnée, et son discours très remarqué parmi les conservateurs. Ensuite, la presse ne pourrait rester indifférente devant cette femme qui avait défendu ses droits. Les journaux couvrirent largement l'événement, et se mirent à suivre de près les progrès de cette jeune politicienne. Et les journaux de droite se mirent à faire sa publicité.

Denis, qui aurait pu se trouver dans la galerie des visiteurs, était en voyage d'affaires au Moyen-Orient. Margaret passait tant d'heures aux Communes et dans sa circonscription que la rumeur commença à circuler dans la salle des secrétaires : Denis ne supporterait pas cela longtemps, et le couple courait à la catastrophe. Il n'en fut rien. Chacun avait sa vie, chacun avait sa carrière, et c'est ainsi qu'ils entendaient vivre ; les enfants, eux, vivaient à la campagne avec Abbey et ne voyaient pas très souvent leurs parents.

Durant ces premières années au Parlement, Margaret travailla sans relâche. Elle faisait elle-même toutes ses recherches (souvent les M.P. préfèrent confier ce travail à des assistants), et passait des heures à la bibliothèque de la Chambre des Communes. Il lui est même arrivé de s'y évanouir (le lendemain matin, elle était de retour). Grâce à sa mémoire des chiffres, elle était incollable sur les faits. Ni grande oratrice, ni brillant esprit, elle n'en était pas moins imbattable dans les discussions techniques, au grand agacement de ceux qui durent l'affronter aux Communes. « On voit bien que l'honorable membre n'a pas fait ses devoirs », ironisait-elle, avant de fustiger son adversaire à coups de chiffres et de pourcentages. Elle rédigeait elle-même ses discours, à la plume, puis les transcrivait sur de petits cartons qui tenaient dans le creux de la main. Mais selon de nombreux témoignages, elle avait rarement recours à ces notes.

Pendant ses deux premières années à Westminster, Margaret mena la vie d'un backbencher ordinaire et s'occupa activement de sa circonscription. Aux Communes, elle s'intéressa particulièrement aux débats fiscaux, sa spécialité. Dans ses discours et ses propos de l'époque, on perçoit déjà certains traits fondamentaux du thatchérisme, comme par exemple son attitude à l'égard des dépenses publiques : « Après dix-huit mois de vie parlementaire, ce qui me préoccupe le plus – et ce qui me paraît fondamental – c'est la maîtrise des dépenses de l'Etat. Nous faisons la chasse aux centaines de mille mais nous laissons filer les millions. » Selon elle, le Parlement devait être mieux informé des dépenses de l'Etat, « comme les actionnaires de n'importe quelle société ». Et un contrôle plus strict des dépenses de la nation entraînerait une réduction des impôts directs. Elle prit aussi parti contre les spéculateurs et pour les investisseurs : « Nous voulons imposer les spéculateurs, les gens qui font des affaires en achetant et en vendant des actions, qui vivent du profit de ces transactions sans les investir dans des biens producteurs de revenus » (l'ironie de l'histoire est que, plus tard, sa politique financière permettrait à des milliers de personnes de s'enrichir précisément de la sorte).

Mais, mis à part le fait qu'elle soutint un projet visant à réintroduire les punitions corporelles dans les prisons et les écoles, ce qui la plaça clairement et définitivement à la droite de son parti, Margaret fut remarquablement discrète pendant toutes ses années au Parlement. Elle occupa à plusieurs reprises des postes mineurs dans le gouvernement. Elle se tint à l'écart des luttes intestines du parti conservateur, et ne se joignit même pas aux révoltes menées par Enoch Powell, l'idéologue de la droite du parti conservateur (connu surtout pour ses positions extrêmes sur la question de l'immigration) qui devait pourtant avoir sur elle une grande influence politique. Elle vota presque toujours « au centre », et soutint la ligne Heath presque jusqu'au bout. D'ailleurs, il eût été prématuré pour elle, et même politiquement suicidaire, de se faire remarquer à l'époque. Elle demeura donc dans la mouvance du courant Heath jusqu'en 1972. Heath lui-même, qui allait devenir plus tard son ennemi mortel, lui offrit promotion sur promotion jusqu'à son entrée au *cabinet* en 1970, sans penser un instant qu'il était en train de préparer sa propre chute.

En Grande-Bretagne, le *cabinet* (« conseil des ministres ») est un comité d'environ une vingtaine de personnes, composé de membres du gouvernement choisis par le Premier ministre, qui peut les congédier quand bon lui semble. Un *Secretary of State*, l'équivalent d'un ministre français dirige un *state department* (« ministère »). Un *Minister of State* (« secrétaire d'Etat ») à la charge d'une

73

section d'un ministère. Un *junior minister* (« sous-secrétaire d'Etat ») est particulièrement chargé de faire la liaison entre son ministère et les parlementaires aux Communes. Il est également responsable d'une sous-section d'un ministère.

L'*inner cabinet* (« cabinet intérieur ») est composé des membres les plus importants du cabinet, qui se réunissent avec le Premier ministre pour décider de la politique gouvernementale. Le *kitchen cabinet* (« cabinet de cuisine ») est un comité privé et officieux composé de ministres, conseillers et amis du Premier ministre qui se réunissent pour le conseiller. Le *civil service* est l'ensemble des hauts fonctionnaires qui assurent l'administration de l'Etat. Un *civil servant* est un haut fonctionnaire.

Le *cabinet office* (« secrétariat du cabinet ») est la section du civil service qui travaille pour le Premier ministre et le cabinet. Le *cabinet secretary* (« secrétaire du cabinet ») est le chef du *cabinet office* (et aussi de tout le civil service britannique). Il assiste aux réunions du cabinet, dont il assure la rédaction des procès-verbaux et l'exécution des directives. (Le mot cabinet désigne donc à la fois un groupe de personnes et une réunion de ce groupe.)

Le Premier ministre loge au n° 10 de Downing Street, qui est une petite impasse plutôt qu'une rue. C'est là, autour d'une grande table ovale, que se réunit le cabinet. Le Chancelier de l'Échiquier habite au 11. Le *Chief Whip* au 12. Le cabinet tel qu'il existe aujourd'hui est né au cours de la Première Guerre mondiale. Lloyd George forma alors un cabinet restreint qui siégeait en permanence. La création du cabinet s'accompagna de deux innovations très importantes : l'ordre du jour, pour que les ministres sachent de quoi ils allaient parler, et le compte rendu, pour qu'ils sachent de quoi ils avaient parlé. Peter

74

Hennessy, auteur d'un important ouvrage sur le civil service, a décrit, dans un article paru dans le *Times* (du 8 mars 1976) comment les directives du cabinet partent vers Whitehall. « Tant qu'il existera un cabinet, les minutes seront prises, tapées et distribuées, et Whitehall entrera en action après chaque réunion du cabinet et du Comité de cabinet. A 8 heures, 13 heures et 17 heures précises, des estafettes sortent avec les boîtes vertes, quelles que soient les circonstances; et comme la Wells Fargo, elles arrivent toujours à destination. »

Whitehall est l'avenue qui relie Trafalgar Square à Westminster et où se trouvent la plupart des ministères, si bien que « Whitehall » désigne, souvent péjorativement, l'administration centrale et sa bureaucratie. C'est le royaume des *civil servants*, immuables dans le va-et-vient des gouvernements, dont ils doivent appliquer les décisions sans esprit partisan. Bien que les *civil servants* respectent rigoureusement ce devoir de réserve, Whitehall est dans la mythologie populaire une puissance anonyme dont la lourdeur byzantine peut faire plier les volontés ministérielles les mieux trempées.

Margaret Thatcher, qui, comme on l'a dit, avait une aversion pour Whitehall, ferait en sorte pendant ses mandats de dépendre le moins possible de la machine bureaucratique. C'est souvent à son bureau privé de Downing Street, à son secrétariat personnel, que les responsables de l'administration devaient s'adresser pour savoir ce qui se passait, plutôt qu'au bureau du cabinet.

Thatcher obtint son premier poste au gouvernement en 1961, deux ans après son entrée au Parlement. C'était un laps de temps fort court (Macmillan, par exemple, avait dû attendre quatorze ans). Sa mère, Beatrice, venait de mourir d'un cancer et Thatcher était en train de déjeuner avec sa sœur, Muriel, lorsqu'on lui annonça que Macmillan voulait la voir. Une fois n'est pas coutume, Margaret dut sa promotion à son statut de femme. Son ministre de tutelle, John Boyd-Carpenter, disait à propos de sa nomination : « Après quelques années au pouvoir, Macmillan voulait redorer son image en nommant une jolie femme. »

Voilà donc Margaret ministre *junior* au ministère des Retraites et de la Sécurité Sociale. Le directeur administratif du département (un *civil servant*), Sir Eric Bowyer, fut horrifié – une nomination si rapide, et pour une femme, de surcroît! Le parfait mépris avec lequel il accueillit Margaret donne une bonne idée de l'ambiance de la politique anglaise de l'époque : elle n'avait aucune expérience, elle était mère de famille, son mari était toujours absent. « On n'en tirera pas grand-chose », avait-il conclu avec dédain.

« Là, on s'était vraiment trompé », devait dire John Boyd-Carpenter. Car c'était méconnaître le style de Margaret : 4 heures de sommeil par nuit, et le reste du temps presque entièrement consacré au travail. Le département ne fut pas long à s'apercevoir de son erreur. « Elle maîtrisa très rapidement les détails les plus techniques de la Sécurité Sociale et avait une extraordinaire capacité de travail. »

Pendant des années, Thatcher occupa poste après poste, remplissant des tâches peu glorieuses et rébarbatives, ce qui convenait parfaitement à son tempérament de « bûcheuse » et lui permit d'acquérir une connaissance approfondie du fonctionnement de la machine administrative, qui lui serait précieuse. Elle en conçut très vite une véritable haine pour le *civil service* (elle n'oublia jamais sa réception au ministère des Retraites). Elle méprisait ces hauts fonctionnaires et les accusait d'adapter leurs conseils « à la tête » du ministre, à qui ils tenaient complaisamment les propos que celui-ci avaient envie d'entendre, au lieu de lui fournir une synthèse de différents points de vues.

Après avoir été nommée en 1961 ministre *junior* des Retraites et de la Sécurité Sociale, Margaret fut affectée en 1965, au ministère du Logement; en 1966, au Trésor; en 1967, à l'Energie et, en 1968, elle devint ministre fantôme de l'Éducation. En 1970, après la victoire de Heath et des conservateurs Margaret devint ministre de l'Éducation et, membre du cabinet.

Dans tous les postes qu'elle occupa, elle dut travailler avec les *civil servants*. Chaque fois, il y eut des frictions, des malentendus et des désaccords. Il faut dire qu'elle lisait tout le courrier et obligeait souvent ses subalternes à revoir leur copie. Elle leur prodiguait des commentaires fort peu flatteurs : « Ineptie ! » « Manque de détails. » « A refaire ! » C'était une dévoreuse de « boîtes rouges » (les fameuses serviettes en cuir rouge, usées et patinées par le temps, dans lesquelles les ministres transportent les dossiers à traiter), travaillait toute la journée et une bonne partie de la nuit, ce qui déroutait plus d'un haut fonctionnaire, le ministre déléguant d'habitude la plupart des tâches « ingrates ». Très vite, elle fut connue comme *That bloody Woman*, (cette sale bonne femme), ou tout simplement T.B.W., surnom qui serait repris plus tard par Edward Heath et les politiciens du parti.

La méfiance de Margaret à l'endroit du *Civil service* avait plusieurs causes. D'abord, l'origine sociale des hauts

77

fonctionnaires : ceux-ci sont, pour la plupart, issus des classes aisées, ont fréquenté les *public schools*, appartiennent aux meilleurs clubs, etc. Ensuite, elle les trouvait bien trop centristes, voire de gauche. Enfin, les conceptions monétaristes qui étaient devenues les siennes impliquaient des coupes sombres dans les dépenses de l'Etat, à commencer par l'appareil gouvernemental. Plus tard, lorsque Thatcher devint Premier ministre, elle prit l'habitude de faire des apparitions impromptues dans les bureaux de Whitehall : elle sortait de Downing Street et se promenait dans les bureaux de l'administration pour se rendre compte par elle-même de ce qui s'y faisait, et surtout de qui faisait quoi. Il était arrivé à d'autres premiers ministres de visiter les ministères, mais jamais de manière systématique et, surtout, jamais sans prévenir.

Visites épiques! Le personnel subalterne était ravi, mais les secrétaires d'Etat et les ministres *junior* trouvaient la chose beaucoup moins drôle. Margaret Thatcher réprimandait les *civil servants* devant leurs ministres ou admonestait les ministres devant leurs *civil servants*. Une fois, alors qu'elle s'obstinait dans un domaine qu'elle maîtrisait mal, elle voulut avoir raison à tout prix au lieu de reconnaître son erreur. Exaspéré, le *civil servant* l'interpella : « Madame le Premier ministre, voulez-vous vraiment savoir de quoi il s'agit? » Durant ses années obscures, Margaret Thatcher s'était montrée discrète, travaillant dans son coin, à ses tâches administratives, harcelant les *civil servants*, mais sans vraiment attirer l'attention de la direction du parti conservateur.

Aux Communes, elle fit quelques interventions, et fut remarquée pour sa maîtrise des questions débattues. Sa première intervention en tant que membre du gouvernement eut lieu en 1961, quelques mois après son arrivée au ministère des Retraites; en 44 minutes, elle récapitula seize ans de statistiques : elle compara la situation des retraités britanniques et celle des retraités scandinaves en 1953, et les différences entre les retraites britanniques et ouest-allemandes en 1959. Elle n'ignorait rien de la différence du coût de la vie dans une famille de fumeurs ou de non-fumeurs en 1951, ni du montant total des retraites.

Au cours de sa carrière parlementaire, Margaret fit plusieurs rencontres déterminantes pour sa pensée politique. D'abord Keith Joseph, qui est considéré comme le « père » du thatchérisme. Ministre de la Santé et de la Sécurité Sociale sous Heath, il s'est converti au « vrai conservatisme » (c'est-à-dire au monétarisme) après la défaite des conservateurs en 1974 : « Je voulais comprendre pourquoi les Allemands avaient si bien réussi avec leur doctrine d'économie sociale de marché. Quand M. Heath m'a offert une place dans son cabinet fantôme, je lui ai demandé un poste sans portefeuille pour avoir le temps de fonder un petit centre de recherches sur les autres pays d'Europe occidentale, qui s'efforcerait de comprendre pourquoi ils étaient effectivement plus prospères que nous. » Ainsi naquit le *Center for Policy Studies*, dont de nombreux membres devaient faire partie plus tard des gouvernements Thatcher ou de leur mouvance : Alfred Sherman, Adam Ridley, John Hoskyns et Alan Walters. C'est dans ce centre, dont Margaret Thatcher fut nommée vice-présidente, qu'ils étudièrent les théories monétaristes et les adoptèrent.

Keith Joseph entama alors, à l'intérieur du parti, une campagne de critique du gouvernement Heath et de ses prédécesseurs. « Nous sommes aujourd'hui le plus socialiste des pays capitalistes par la taille du secteur public, l'étendue du contrôle de l'Etat et le resserrement de la fourchette des salaires. » Il dénonça le « keynésianisme » qui avait inspiré tous les gouvernements anglais de l'après-guerre : « La méthode mise en œuvre par les gouvernements successifs pour réduire le chômage – augmentation de la demande collective financée par le déficit budgétaire – a engendré l'inflation sans vraiment remédier au chômage. » Selon la théorie monétariste, l'inflation était la conséquence d'une quantité excessive de monnaie : il fallait réguler l'économie en jouant sur les taux de change, les taux d'intérêt et la masse monétaire en circulation.

Le monétarisme insiste sur l'influence de la monnaie dans le fonctionnement de l'économie et sur l'importance d'une relation « équilibrée » entre, d'une part, la quantité de monnaie disponible pour financer les biens et les services et d'autre part la capacité de l'économie à produire ces biens et ces services. Pour le monétarisme, l'inflation est due à un taux d'expansion monétaire trop élevé par rapport au taux de croissance réel de l'économie. En bref, les monétaristes soutiennent que si le gouvernement dépense plus qu'il ne perçoit en impôts et augmente donc la dette publique pour financer cette différence, l'augmentation de l'offre de monnaie qui en résultera aura pour conséquence d'aggraver l'inflation. Il existe, selon eux, un taux « naturel » de chômage qui ne dépend pas des conditions structurelles de l'économie. Il est donc impossible de s'en écarter de façon prolongée par des politiques conjoncturelles.

Mais cette politique de réduction d'impôts, de privatisations, de diminution des dépenses de l'Etat, de soutien prioritaire à la monnaie et de refus de subventions aux

industries en difficulté n'est pas l'exclusivité du gouvernement britannique des années 80. Bien d'autres pays occi-
dentaux ont appliqué le même type de recettes.

Il existe plusieurs définitions possibles du thatchérisme.
La première renvoie au style politique de Margaret Thatcher; la seconde est davantage politique : l'Etat et le gouvernement doivent être suffisamment forts pour résister
aux pressions corporatistes. Mais Margaret Thatcher, elle,
a donné une dimension morale à sa politique, et c'est ce
qui la caractérise le mieux : elle s'est forgé une idéologie
politique, une éthique politique même, qui lui montre le
chemin, une éthique qui puise davantage ses racines dans
sa propre expérience que dans une théorie abstraite. Pour
elle, la « renaissance » de la Grande-Bretagne résultera du
retour aux valeurs anciennes, les valeurs victoriennes : ne
compter que sur soi, travailler dur, épargner, croire en la
famille, être récompensé(e) pour ses efforts. En 1968, elle
professait déjà : « Ce dont nous avons besoin, c'est de plus
de responsabilité et de plus de liberté dans nos décisions
personnelles, et de moins d'ingérence du gouvernement. »

En mars 1970, lorsqu'elle était devenue secrétaire fantôme de l'Education, Richard Crossman, une figure
importante du parti travailliste pendant les années 60 et
70, écrivit à propos d'elle dans son journal : « C'est une des
seules personnalités du parti conservateur que je salue
dans le hall. Elle est forte, capable et compétente et, à la
différence de son prédécesseur, elle sera vraiment le porte-
parole de l'opposition. »

Lorsque Heath devint Premier ministre en 1970, Thatcher n'en fut pas mécontente. C'était un fils de menuisier,

qui avait gravi l'échelle sociale à la force du poignet et ne croyait qu'aux vertus du travail. Il avait été boursier à Oxford, comme elle. Célibataire, il ne savait absolument pas comment se comporter avec les femmes et sa timidité était telle qu'il était presque incapable de leur parler. Une fois, il fut contraint de demeurer trois jours dans la résidence d'un ambassadeur britannique à l'étranger, qui avait dû s'absenter, en compagnie de la femme de ce dernier. Heath ne lui adressa pas la parole une seule fois, pas même pour lui dire bonjour. Et lorsqu'il parlait aux hommes, c'était souvent avec morgue et arrogance. Sa popularité serait plus grande une fois qu'il ne serait plus Premier ministre : la Chambre ferait salle comble pour le voir insulter son pire ennemi celle qui l'avait détrôné, Margaret Thatcher. Heath n'avait éprouvé aucune sympathie particulière à son égard mais, d'une part, il reconnaissait alors sa compétence et sa capacité de travail et, d'autre part, il avait eu besoin d'une femme dans son cabinet fantôme. Peu importait qui, il lui en fallait une. Lorsqu'il forma son premier cabinet fantôme en 1964, il demanda conseil à James Prior, qui proposa Margaret Thatcher. Heath répondit qu'il en avait déjà parlé à William Whitelaw, et que ce dernier avait prophétisé : « Si l'on fait entrer Margaret Thatcher au cabinet, on ne s'en débarrassera jamais. » Aussi choisirent-ils quelqu'un d'autre cette fois-là.

En 1970, Heath nomma Margaret ministre de l'Éducation. Rude épreuve. Elle y fit son premier véritable faux pas et en tira une amère leçon qu'elle mettrait plus tard à profit.

Elle emménagea dans les bureaux spacieux du ministère de l'Éducation, à Curzon Street, et les *civil servants* la reçurent avec leur réserve habituelle. « A peine dix minutes après son arrivée, nous avons découvert deux choses : sa méfiance innée envers le *civil service*, et une page déchirée dans un petit cahier, sur laquelle elle avait noté les dix-huit choses qu'elle voulait que nous fassions ce jour-là. » Les gens de cette vénérable institution n'étaient pas habitués à ce style de direction. « Ce comportement, nous ne l'avions jamais rencontré auparavant. Un peu plus tard, nous avons été obligés de constater que ce n'était qu'un début... »

Alf ne vécut pas assez longtemps pour voir sa fille au gouvernement. Après s'être remarié en 1965 avec une veuve, méthodiste comme lui, il avait continué à vivre à Grantham. Il mourut dans son lit en 1970, quelques mois avant que sa fille ne devienne ministre de l'Éducation. Alf manqua beaucoup à Margaret. Elle parlait souvent de lui à son entourage, le citait aux Communes, vantait sans cesse ses enseignements. Le jour de sa nomination au poste de Premier ministre, elle déclara : « Tout ce en quoi je crois, je le lui dois. C'est pour ces valeurs que je me suis battue pendant les élections. Il est révélateur que les idées que j'ai apprises dans une petite ville, dans une maison très modeste, soient celles qui ont remporté une élection. »

Un jour, bien des années plus tard, lors d'une émission à la télévision, elle raconta la défaite de son père par les travaillistes aux élections municipales. Alors qu'elle se rappelait le dernier discours que son père, qui avait ensuite ôté sa cape de conseiller, Margaret éclata, en sanglots devant les caméras : « Ce fut une tragédie », s'exclama-t-elle.

Margaret Thatcher, bien sûr, s'insurgea contre le système des *comprehensive schools* institué par les travaillistes, et son premier geste de Secrétaire d'Etat fut de mettre fin à cette politique. Son administration, quoique surprise par son style, exécuta immédiatement ses ordres, *civil service* oblige. Cependant, là où le programme avait été lancé et où il avait l'appui de la majorité des parents, Margaret Thatcher approuva les demandes de transformation des *grammar schools* en *comprehensive schools*. En fait, sous sa tutelle, il y eu plus de créations de *comprehensive schools* que sous tout autre ministre de l'Éducation, et elle approuva 95 % des 2 765 demandes de transformation.

Car Margaret Thatcher, tout comme son mentor monétariste Keith Joseph, devenait une grande dépensière de fonds publics. Alors même qu'ils préconisaient des coupes sombres dans les dépenses de l'Etat, lorsque Heath arriva au pouvoir, ni l'un ni l'autre ne surent résister, dans la gestion de leur ministère, à la tentation d'en défendre le budget.

Par exemple, un des projets – travailliste – qu'elle défendit corps et âme fut la continuation de la *Open University*, un système d'enseignement universitaire à distance qui permet aux gens de suivre à leur rythme des études supérieures. Ian Macleod, un des « mentors » de Margaret, qui lui avait appris entre autres à se plier à la terrible discipline oratoire de la Chambre des Communes, mourut subitement quelques jours après les élections en laissant des instructions pour que l'on se débarrasse de la *Open University*. En dépit de sa grande admiration pour lui et du choc que lui causa cette mort inattendue, Margaret n'en fit rien. Au contraire, elle poursuivit le programme, considérant qu'il fallait ouvrir les portes de l'éducation à ceux qui étaient motivés.

Elle consacra ensuite toute son énergie à un vaste programme de création d'écoles maternelles. « J'ai envoyé mes deux enfants à la maternelle, quelques heures par jour, et cette possibilité devrait être ouverte à tous ceux qui souhaitent en bénéficier. » William Pile, un haut fonctionnaire du ministère de l'Éducation, dans une interview avec Hugo Young (auteur d'une biographie de Margaret Thatcher), explique son souci pour l'école maternelle : « Elle pensait que tous les enfants devaient avoir une chance de s'épanouir au début de leur vie. Après, s'ils rataient leur scolarité, ils avaient eu leur chance. »

Sa première expérience du cabinet ne fit rien pour lui donner confiance dans cette forme de gouvernement. A peine le gouvernement avait-il annoncé ses intentions « dures » dans la déclaration de Selsdon qu'il faisait marche arrière : Rolls Royce et les chantiers navals de l'Upper Clyde en Ecosse furent sauvés de la faillite par le gouvernement. Et le fameux volte-face de Heath en 1972 imprima une marque indélébile sur Margaret Thatcher.

Heath, en plus, faisait preuve de son incapacité habituelle à communiquer avec la direction du gouvernement. Un ministre de l'époque a fait un récit des réunions du cabinet : « Heath était là, assis, sans dire un mot, à nous foudroyer du regard, si bien que mes collègues le regardaient anxieusement pour savoir quel effet leurs paroles avaient sur lui. Puis, tout d'un coup, il décidait – dans un sens ou dans l'autre. Et c'était tout. »

Puis survint le désastre. Voulant démontrer sa bonne volonté en tenant les promesses électorales de Heath, qui avait annoncé qu'il réduirait sérieusement les dépenses de l'Etat, Margaret Thatcher ne trouva rien de mieux à faire que de supprimer les distributions gratuites de lait dans les écoles primaires. « Je pensais que la plupart des parents pouvaient payer le lait de leurs enfants, et que la responsabilité de l'Etat était plutôt de fournir ce que les parents ne pouvaient pas payer, comme de nouvelles écoles primaires. »

La réaction du public fut émotionnelle et violente, les Britanniques étant profondément choqués qu'une femme, mère de surcroît, supprime le lait aux enfants : « *Thatcher Milk Snatcher* » (« Thatcher, voleuse de lait »), le slogan fut repris par les manifestants. Tous les médias s'enflammèrent. Au Parlement, elle se fit insulter par les travaillistes, qui scandaient « Ditch the bitch! », (« Virez la salope »). En pleine séance des Communes, ils l'accusèrent, de haïr les enfants et d'avoir fait exprès d'en avoir deux d'un coup parce que c'était plus pratique. Ce fut Barbara Castle, du parti travailliste, qui obligea ses collègues des *backbenches* à changer de ton. Le *Sunday Express* appela Thatcher « la dame que personne n'aime », et le *Sun* « la femme la plus impopulaire de Grande-Bretagne ». Il s'agissait pourtant des journaux les plus conservateurs.

Même au sein du cabinet, on ne l'aimait guère. Mais elle y était surtout isolée, voire méprisée. Elle ne faisait pas partie du cercle des patriciens, elle n'appartenait pas à un club, et en plus elle osait avoir du culot! Au cours d'une réunion du cabinet, où l'on discutait de la nomination du futur directeur de la b.b.c., le nom de Geoffrey Howe fut avancé. « Geoffrey Howe a une bien trop haute opinion de lui-même », trancha Heath. « Comme la plupart des hommes, Monsieur le Premier ministre », répondit Margaret Thatcher. Lors d'un déjeuner officiel à Downing Street auquel elle participait, l'un des invités demanda à haute voix : « Dites-moi, est-il vrai que Madame Thatcher serait une femme? »

Il lui arriva un jour d'être tellement malmenée par une

salle houleuse qu'elle dut partir en plein milieu de son discours pour se réfugier chez une amie qui habitait tout près. A ses pressantes questions, Margaret répondit : « Réunion particulièrement mouvementée », puis elle défit son corsage et lui montra un énorme bleu. Son amie horrifiée lui demanda ce qu'elle pouvait faire pour elle. « Rien. J'ai deux autres rendez-vous cet après-midi. Donne-moi une bonne tasse de thé. »

Le tollé finit par s'apaiser : des problèmes plus graves appelaient les M.P. Puis l'affaire prit définitivement fin lorsque le gouvernement annonça que les élus locaux seraient financièrement responsables de la note de lait de leurs écoles. Cet épisode traumatisant permit néanmoins à Thatcher de se faire une carapace. « Les critiques ont été féroces », dira-t-elle plus tard. « J'ai dû me fabriquer une armure pour survivre. »

Sa fille, Carole, étudiante en droit, avait été durement prise à partie par des condisciples, ce qui avait particulièrement touché Margaret, qui fondait souvent en larmes. Denis, essayant de lui remonter le moral, lui demanda un soir : « Pourquoi ne pas tout arrêter ? Tu n'es pas obligée d'endurer tout cela. Pourquoi continuer ? » Margaret le regarda : « Ils ne m'auront pas. On ne me poussera jamais dehors contre ma volonté. » Elle eut raison, jusqu'en novembre 1990.

CHAPITRE 5

L'ombre du pouvoir

> « Je ne fais pas une politique de consensus, je fais une politique de conviction. »
>
> MARGARET THATCHER

En 1974, Harold Wilson redevint Premier ministre, mais sa majorité de quatre sièges lui laissait peu de marge de manœuvre pour gouverner. Il provoqua donc rapidement de nouvelles élections et obtint en octobre de la même année une majorité de 43 sièges. Heath savait qu'il devait partir : il avait subi deux défaites électorales. Mais qui lui succéderait? Personne n'avait la carrure d'un leader. On sonda l'entourage de Heath, notamment William Whitelaw.

William Whitelaw était un *grandee*, un patricien, fils de propriétaire terrien. Tout, pendant toute sa vie, lui avait été servi sur un plateau. A l'époque, il était président du parti conservateur et sa fidélité envers Heath était telle qu'il refusait d'être son rival. Plus tard, Whitelaw jouerait un rôle essentiel dans la vie politique de Margaret Thatcher. Le jour où elle battit Heath, Whitelaw, en bon soldat (il avait été décoré pendant la Deuxième Guerre mondiale), soutint Thatcher : « Cette nuit-là j'ai décidé que, dans l'intérêt du parti, je servirais Margaret Thatcher de toutes mes forces et avec toute ma fidélité. Peut-être trouverait-elle impossible de travailler avec moi, même si je faisais de mon mieux pour l'aider et si je me soumettais à son autorité. Mais j'avais été second d'un bataillon à la fin de la guerre et je m'étais bien entendu avec mon commandant, dont la personnalité et les opinions étaient très différentes de la mienne. » Conservateur centriste, Whitelaw était un conciliateur-né. Son engagement et sa dévotion totale facilitèrent grandement les choses pour Thatcher, car il était très respecté dans le parti. « Je dois admettre qu'à l'époque je faisais partie de ceux qui avaient encore des doutes quant à la capacité des femmes à supporter les tensions physiques et mentales énormes du leadership. Bien sûr, Margaret Thatcher a prouvé que tout cela n'était que du chauvinisme mâle de la pire espèce. Mais, cela donne aussi une idée des problèmes auxquels elle a dû faire face. » Toutefois, comme il l'a dit lui-même, en dépit du respect qu'il avait pour elle, il évitait sa compagnie. Il ne fréquentait jamais les mêmes endroits qu'elle, sauf pour les réceptions officielles, et une fois il eut ce mot combien lourd de sens : « *Margaret is not clubbable* », c'est-à-dire n'a pas le standing social pour appartenir à un club. La plupart des M.P., à plus forte raison le Premier ministre, font partie d'un club. Lorsqu'elle devint Premier ministre, l'une des premières questions que les journalistes posèrent à Margaret Thatcher fut si elle allait poser sa candidature au Carlton Club, dont font partie les conservateurs importants. Question perverse : le Carlton n'admettait pas les femmes. « J'ai des choses bien plus importantes à faire », répondit-elle avec impatience. Le lendemain, le Carlton Club abolissait sa règle et lui demandait de devenir membre.

Toujours à la recherche du successeur de Heath, le parti conservateur se tourna vers Keith Joseph, l'intellectuel de droite du conservatisme. Pendant un moment, il sembla que celui-ci avait ses chances et Margaret le soutenait. Mais Joseph était davantage un intellectuel qu'un meneur d'hommes. Idéologue passionné, penseur ultralibéral, il avait introduit et diffusé les théories monétaristes dans le parti conservateur. Mais il était évident pour tout le monde, y compris lui-même, qu'il n'avait pas l'étoffe d'un leader. En outre, il était juif, et cela aurait été un handicap électoral et aurait posé des problèmes au sein du parti. Joseph le savait. Dans un geste politiquement suicidaire, il se mit lui-même hors-jeu en prononçant un discours radicalement réactionnaire à Edgbaston le 19 octobre 1974. Il affirma que les mères des classes défavorisées devaient recevoir gratuitement des contraceptifs pour les empêcher de faire autant d'enfants, car elles ne pouvaient pas les élever convenablement. « L'équilibre de la population, notre stock humain, est menacé. » Keith Joseph eut beau protester, on l'avait mal compris, on avait déformé ses propos, mais le scandale politique qui éclata immédiatement après ce discours lui barra définitivement la route du leadership.

C'est alors que Margaret Thatcher, qui jusqu'alors avait soutenu la candidature de Keith Joseph, songea sérieusement pour la première fois à avancer son nom. « Il serait futile et arrogant de nier que nous avons manqué à nos engagements envers le peuple. En tant que parti, nous devons faire quelque chose. » En fin de compte, en l'absence de tout rival sérieux, les proches conseillers de Heath estimèrent qu'il pouvait quand même remporter le leadership. Il décida donc de se représenter.

Le « Comité de 1922 », une association de parlementaires conservateurs sans portefeuille, dont la fonction principale est de faire connaître l'opinion des back-benchers à la direction du parti, se réunit et essaya de trouver une solution. Margaret Thatcher ne croyait pas vraiment qu'elle avait une chance. A trois semaines de la clôture du dépôt des candidatures, alors qu'elle n'avait même pas encore déclaré la sienne, deux seulement des 276 députés conservateurs se déclaraient prêts à voter pour elle.

Six mois plus tôt, elle avait confié à un journaliste qu'il était impossible pour une femme de parvenir au sommet. Ian Gow, qui serait un de ses proches conseillers jusqu'à être tué par une bombe de l'IRA en 1990, raconterait plus tard le récit des doutes que Margaret Thatcher inspirait à l'époque à la direction du parti : « Les patriciens n'aimaient pas son attitude populiste qui défiait les vieilles orthodoxies. Ils ne pensaient pas qu'une femme pourrait, en pleine recrudescence de la guerre froide, représenter le pays à l'échelle internationale, s'occuper de défense et de politique étrangère, domaines qu'ils considéraient comme étant l'apanage des hommes. »

Margaret Thatcher prit seule sa décision. Elle ne consulta que Denis. Une fois sa décision prise, elle alla d'abord en faire part à Edward Heath, dans son bureau à Westminster, geste inhabituel parmi cette confrérie d'hommes distants. L'entretien dura à peine quelques secondes. Heath ne lui demanda même pas de s'asseoir et la traita de haut. Bref, il ne prenait pas son défi au sérieux. « Moi, qui étais pourtant le président du parti, je n'ai pas cru une seconde qu'elle représentait un danger sérieux », dira plus tard Whitelaw. « Personne ne le pensait. »

Personne, sauf un certain M.P. du nom de Airey Neave,

qui détestait Heath. Airey Neave avait eu des problèmes cardiaques et s'en était ouvert à son chef politique. Heath, d'un ton agacé, lui avait répondu : « Eh bien, c'est la fin de votre carrière politique. » Depuis ce jour, Neave, ulcéré, attendait son heure pour se venger. *Backbencher* discret mais fort apprécié, Neave était un héros de guerre, le premier Britannique à s'être évadé d'un camp allemand. Ensuite, il avait organisé un réseau d'agents secrets féminins, et n'avait donc pas besoin d'être convaincu des capacités des femmes. Il connaissait à peine Margaret, mais après la débâcle de Keith Joseph, il décida de miser sur elle.

Il offrit donc d'orchestrer une campagne de soutien à l'intérieur du parti. Son expérience des services secrets s'avéra d'une redoutable efficacité dans l'activité pratiquement clandestine qu'il déploya pour amener petit à petit les M.P. conservateurs à voter pour Margaret Thatcher. Outsider parfait, Margaret n'était guère connue à l'intérieur de son propre parti et pas du tout dans le reste du pays. Cela faisait longtemps qu'on avait oublié l'affaire du lait. Norman Tebbit, qui devint par la suite un prosélyte ardent du thatchérisme, l'avoue dans ses Mémoires : « Jusqu'au moment de la lutte pour la direction du parti, nombre de mes collègues et moi-même ne connaissions absolument pas Margaret Thatcher. Je pense que je n'avais jamais échangé plus de quelques mots avec elle et je n'avais certainement jamais pensé à elle en tant que chef probable du parti. »

Airey Neave commença son travail de sape auprès des dissidents, les *backbenchers* qui détestaient Heath. « C'est le premier politicien idéaliste que nous ayons eu depuis longtemps », leur disait Neave. Puis il organisa des rencontres entre Margaret et de nombreux élus conservateurs dans les bars, les salles à manger et les salons de thé du Parlement. Cela coïncida avec la lutte que Thatcher, numéro deux fantôme du Trésor et spécialiste des problèmes financiers, menait avec acharnement aux Communes contre un projet de loi proposé par le gouvernement travailliste. Elle faisait merveille dans son maniement des chiffres et des statistiques. En face d'elle, il y avait le Chancelier de l'Échiquier, Denis Healy, politicien brillant et orateur inspiré. Depuis la mi-janvier 1975, ils s'étaient engagés dans un combat sans merci. A la suite d'une remarque désobligeante de Healey, Thatcher sortit les couteaux : elle fustigea l'impôt sur les plus-values qui allait frapper toutes les donations, même charitables, ainsi que les propositions de Healey d'augmenter l'impôt sur l'héritage. « Apparemment, le très honorable gentleman ne comprend pas l'effet que cet impôt aura sur la vie des individus, sur l'économie et sur la société libre en général. » Healey, qui était un lutteur, haussa le ton : « La très honorable dame ressort de ce débat comme la Pasionaria des privilégiés. Elle a démontré qu'elle croyait en son parti, le parti de la minorité nantie, et je pense qu'elle et son parti auront bientôt l'occasion de le regretter. » Au lieu d'en rester là, Margaret se leva et répondit calmement qu'elle aurait aimé pouvoir dire que les remarques du très honorable gentleman n'étaient pas dignes de lui, mais malheureusement, ce n'était pas le cas. « Certains Chanceliers sont micro-économiques. D'autres sont fiscaux. Ce Chancelier-ci est tout simplement minable. Nous sommes étonnés, de notre côté de l'allée, que l'on puisse devenir Chancelier en sachant si peu de choses sur les impôts et sur les propositions soumises au Parlement. Si ce Chancelier a pu devenir Chancelier, alors n'importe quel autre membre de cette Chambre aurait pu l'être à sa place. J'osais espérer que ce débat aurait permis au très honorable gentleman d'apprendre quelque chose. Visiblement, ce n'est pas le cas. Il aurait au moins pu nous entretenir des effets concrets de ses propositions, car elles affecteront tout un chacun, y compris ceux qui sont nés sans privilèges, comme moi-même. » Les députés conservateurs approuvèrent bruyamment. Personne n'avait jamais expédié Denis Healey de la sorte.

« Les Tories n'ont pas assez d'hommes comme elle. » Les jours suivants, cette phrase fit le tour des parlementaires conservateurs. Les M.P. commencèrent à se demander si, après tout, ils ne tenaient pas là le leader qu'il leur fallait.

Barbara Castle l'observait et l'encourageait en silence. Elle écrivit dans son journal : « En ce moment, Madame Thatcher est favorite. Je dois avouer que j'ai ressenti un frisson de plaisir féministe. Mon Dieu, cette femme mérite de gagner. Sa manière calme et compétente de gérer la question des hypothèques aux dernières élections a été notre seul sujet d'inquiétude. D'accord, l'idée politique sous-jacente ne vaut rien, mais quel professionnalisme ! »

Dans l'ombre, la campagne d'Airey Neave battait son plein. Norman Tebbit, qui était déjà acquis à cette nouvelle cause, raconte : « Nous qui étions au centre de la campagne en faveur de Margaret, nous n'avons jamais fait part de notre optimisme. Nous savions que nombre de nos collègues voulaient se débarrasser de Heath mais ne voulaient pas forcément élire Margaret, et nous avions besoin de leurs voix au premier tour. » Grâce à l'activisme d'Airey Neave, un producteur de télévision, Gordon Reece, décida lui aussi de « prendre en charge » Margaret. Il organisa une campagne médiatique dans le plus pur style des campagnes électorales américaines.

Margaret Thatcher, pendant ce temps, tirait ses propres conclusions du déclin économique britannique. Pour elle tout était fort simple : le recul économique était étroitement lié à la mollesse de son parti, au virage à gauche « consensualiste » des conservateurs et à la décadence morale qui affectait tout le pays. Les années Macmillan en prenaient pour leur grade. Le redressement devait se faire par le travail, le sacrifice, la loi et l'ordre. Deux valeurs fondamentales du « thatchérisme » redonneraient aux Britanniques l'esprit d'entreprise qui avait été si fructueux à l'époque victorienne, deux « choix » : celui d'être propriétaire, et celui d'être actionnaire.

La lutte pour le pouvoir n'en devint que plus acharnée. La presse préférait Heath, tout en affirmant qu'elle ne voyait pas de grande différence entre les deux candidats. Pour la chaleur humaine, en tout cas, c'était du pareil au même. « Le parti sort de l'igloo pour sauter dans le glacier », écrivit le *Times*. Les proches de Heath continuaient à traiter la candidature de Thatcher avec un dédain tout aristocratique : « Trop désespérément classe moyenne. » Thatcher contre-attaquait : « Si cela veut dire favoriser l'initiative individuelle, encourager et récompenser le savoir-faire et le travail honnête, protéger les gens contre le pouvoir excessif de l'Etat et croire en la distribution la plus large possible de la propriété privée, alors les valeurs que je défends sont certainement celles de la classe moyenne. »

Barbara Castle écrivait : « Ce qui m'intéresse maintenant, c'est de la voir s'épanouir – jamais elle n'a été aussi belle. Cela m'intéresse parce que je la comprends. Hier soir, elle s'est sûrement couchée très tard à cause du projet de loi sur les Finances; elle est entourée d'ennemis et doit faire attention à chaque geste et à chaque mot. Et elle a l'air en pleine forme. Je comprends pourquoi. Elle est amoureuse : amoureuse du pouvoir, du succès – amoureuse d'elle-même. Elle me rappelle l'air que j'avais lorsque Harold Wilson me nomma ministre des Transports. Si les Tories reviennent, alors, c'est à elle que je souhaiterai bonne chance. »

La veille du vote, Neave pensait que Thatcher allait l'emporter. La presse donnait Heath gagnant. Heath et ses conseillers, quant à eux, ne semblaient pas douter de leur victoire. Le 4 février 1975, jour du scrutin, à 16 heures, une onde de choc parcourut les rangs conservateurs : Thatcher 130 voix, Heath 119, Fraser (un autre outsider) 11, et 11 abstentions. « On s'est complètement fourvoyés », laissa tomber Heath, abasourdi. Il démissionna sur-le-champ, ne voulant pas courir le risque d'une deuxième humiliation. Thatcher, impitoyable, l'acheva d'une phrase : « J'aurai toujours de l'affection pour ce cher Ted. Mais il n'y a guère de place pour les sentiments en politique. » Selon les règles, il fallait procéder à un second vote. Cédant aux pressions de l'entourage de Heath, le fidèle Whitelaw se présenta à sa place.

Une semaine plus tard, le 11 février, Airey Neave vint annoncer le résultat du vote à Margaret, qui attendait nerveusement dans son bureau. « Vous êtes élue chef de l'opposition. » 146 bulletins pour elle, 79 pour Whitelaw, 19 pour Home et 19 pour Prior. Les larmes lui montèrent aux yeux. Puis, aussitôt, elle dit : « Heureusement, c'est une victoire inconstestable. Nous avons beaucoup de travail. Il faut s'y mettre, tout de suite. » Margaret s'installa avec sa secrétaire, Alison Ward, dans le grand bureau du chef de l'opposition tout près de la Chambre. Quelques jours plus tard, Barbara Castle notait dans son journal. « Madame Thatcher a gagné. Je le sentais venir depuis un

97

moment : il est totalement évident qu'elle est le meilleur homme du lot et elle a, à mon avis, l'avantage d'être une femme. Je ne peux m'empêcher de trouver cela excitant, même si je pense que son élection va nous rendre la vie plus dure. Cela fait longtemps que je dis que le pays est prêt –et même plus que prêt – à avoir une femme Premier ministre ... Voilà qui va en tirer plus d'un de sa léthargie. Cela fera aussi du bien au parti travailliste : voilà un parti dominé par les hommes – un peu parce que les syndicats sont dominés par les hommes, même les syndicats plutôt féminins ... En tout cas, la nouvelle a mis Harold Wilson en pleine forme. ... Rien ne vaut un bon défi sexuel pour vous revigorer un homme. Il est plus décontracté qu'il ne l'a été depuis longtemps. » En effet, Harold Wilson se montra particulièrement brillant face à Thatcher, qui eut bien du mal au début à lui donner la réplique. Il attendait tranquillement ses coups et les esquivait en prenant l'air de s'en divertir, ce qui la démontait.

Alors que Margaret a toujours inspiré loyauté et admiration à ceux qui ont travaillé au quotidien avec elle, – secrétaires, chauffeurs, gardes du corps, etc. –, son image publique avait grand besoin d'être améliorée. Gordon Reece lui apprit d'abord à baisser d'une octave le ton de sa voix, trop aiguë. Ensuite, il s'employa à adoucir son image. En effet, après un discours anti-soviétique particulièrement aggressif, les Russes l'avaient surnommée « La Dame de fer ». Elle adorait ce surnom, le répétait partout, et l'avait adopté. Il l'a beaucoup servie losqu'elle a fait preuve de pugnacité, pendant la guerre des Malouines, au cours de sa lutte contre les syndicats ou lorsqu'elle a joué les empêcheuses de tourner en rond à la C.E.E. Mais il l'a aussi desservie : « *Margaret dœsn't care* » (Margaret s'en fout) allait devenir le slogan des opposants au thatchérisme... Pendant des années, Gordon Reece (rejoint plus tard par Tim Bell de l'agence de publicité Saatchi & Saatchi, qui allait s'occuper des relations publiques du parti conservateur) travailla à « féminiser » l'image de Margaret – la forçant à parler à la télévision, à la radio et dans les magazines féminins de sa famille, de son rôle de mère, de son goût pour les vêtements et le maquillage..., jeu auquel elle se prêta tant bien que mal. Un jour, agacée, elle dit à Tim Bell : « Si vous me bâtissez une image qui ne correspond pas à la vérité, alors je ne pourrai pas faire ce que je veux parce que les gens s'attendront à autre chose. »

Une rencontre importante qu'elle fit après être devenue Premier ministre fantôme fut celle de Ronald Millar, le dramaturge qui écrivait les discours des dirigeants conservateurs, dont Edward Heath. Jusqu'alors, elle avait toujours écrit ses discours elle-même, mais ce ne serait plus possible désormais – elle n'en aurait plus le temps. Elle se méfiait de Millar en raison de ses relations avec Heath. Il se mirent d'accord pour faire un essai. Ronald Millar revint et, en homme de théâtre, lui lut le discours qu'il avait écrit pour elle. La péroraison était une citation attribuée à Abraham Lincoln :

« On ne peut obtenir la prospérité en décourageant l'épargne. On ne peut donner de la force aux faibles en affaiblissant les forts. On ne peut aider l'employé en terrassant son employeur. On ne peut développer la fraternité humaine en encourageant la haine de classe. On ne peut aider les pauvres en détruisant les riches. On ne peut rien construire de solide sur de l'argent emprunté. On ne peut développer le caractère et le courage des hommes si on leur enlève initiative et indépendance. On n'a jamais aidé quelqu'un en faisant pour lui ce qu'il pourrait et devrait faire par lui-même. »

Margaret le dévisagea sans dire un mot. Puis elle prit son sac, l'ouvrit, chercha son portefeuille, et en tira un morceau de papier jauni qu'elle tendit à Millar. C'était la citation d'Abraham Lincoln. « Je le porte toujours sur moi », dit-elle. A partir de ce moment-là, Millar écrivit ses discours importants (ses discours « ordinaires » furent rédigés par une équipe qui dépendait de son secrétariat privé).

Devenue chef du parti, Margaret Thatcher commença à voyager. N'ayant jamais occupé de poste au Foreign Office – voie traditionnelle pour un futur Premier ministre –, elle ignorait presque tout des affaires étrangères. Elle était forte en économie mais, à la différence de ses collègues de la haute bourgeoisie qui avaient appris plusieurs langues à l'école et passé des vacances à l'étranger, Margaret ne connaissait que des bribes de français, ne parlait aucune autre langue que l'anglais et n'avait jamais quitté la Grande-Bretagne avant sa lune de miel. L'année qui suivit sa prise de pouvoir, elle se rendit en France, en Allemagne Fédérale, au Luxembourg, en Roumanie et au Canada. Aux Etats-Unis, où elle fut reçue avec enthousiasme, elle sillonna le pays en condamnant la politique de Wilson et en l'accusant de vouloir détruire la démocratie. En principe, lorsqu'on est à l'étranger, cela ne se fait pas, même si l'on est le chef de l'opposition, et James Callaghan, qui était alors secrétaire aux Affaires Etrangères, s'indigna dans la presse anglaise. Maggie, ainsi que les Américains l'avaient tout de suite surnommée, répliqua : « La propagande en faveur du socialisme ne fait pas partie de mon travail. » Partout où elle allait, elle répétait son credo, qui sonnait doux aux oreilles de son public américain : travail, récompense du mérite, non-ingérence de l'Etat.

Lorsqu'elle retourna en Angleterre, les sondages montraient que 48 % des Anglais estimaient qu'elle serait le prochain Premier ministre (31 % pensaient que ce serait Wilson). Mais Thatcher devait encore convaincre son propre parti. Heath clamait à tous vents que Margaret Thatcher et Keith Joseph étaient des fanatiques qui détruiraient le parti et le pays avec leurs idées délirantes.

Une des premières tâches importantes de Margaret fut de conquérir le parti lors de la conférence annuelle, à Blackpool, au mois d'octobre. Les délégués connaissaient à peine Thatcher et restaient fidèles à Heath. Margaret était extrêmement tendue et redoutait cette épreuve. Ronald Millar travailla avec elle sur son discours jusqu'à la dernière minute. Quand elle monta sur le podium, une vieille dame lui offrit un plumeau, voulant signifier par la qu'elle allait dépoussiérer le parti. Thatcher commença par dépoussiérer le pupitre, puis le nez du président du parti, qui venait de terminer son allocation inaugurale. Le public éclata de rire. Margaret se détendit, fit son discours et, pour conclure, exposa sa « vision » : « Un homme a le droit de travailler comme il l'entend, de dépenser ce qu'il gagne, d'être propriétaire, et d'avoir l'Etat pour serviteur et non pour maître ; voilà l'héritage britannique. » Le public, debout, laissa libre cours à son enthousiasme. De retour dans sa suite, elle se tourna vers Airey Neave et dit : « Maintenant, je suis le chef. »

En 1975, à l'âge de 60 ans, Denis prit sa retraite de la Burmah Oil. Margaret avait très peur. « Je ne sais pas ce

101

que je ferai quand Denis prendra sa retraite. Il ne peut pas rester inactif ! Il faut qu'il fasse quelque chose. » En fait, il resta conseiller de deux autres sociétés et occupa ses loisirs à jouer tranquillement au golf. « On dit que je suis le mari le plus discret qu'on n'ait jamais vu. Eh bien, j'ai l'intention de le rester et de laisser les feux de la rampe à ma femme. »

Carol, la fille des Thatcher, n'apprécia pas du tout l'attention que lui valait la notoriété de sa mère. A la fin de ses études de droit, elle s'installa dans la petite ville de Chichester et, plus tard, elle partit vivre pendant cinq ans en Australie. Leur fils, Mark, lui, adorait cela. Il s'inscrivit à une école d'experts-comptables, mais ne réussit jamais ses examens. Il préférait le sport automobile, au désespoir de sa mère, dont il était de loin le préféré. En 1982, Mark prit part au raid Paris-Dakar et disparut dans le désert du Ténéré pendant six jours – pour réapparaître sain et sauf avec son co-pilote, une belle blonde. Il fut étonné du tumulte que sa disparition avait causé. Pendant des jours, les Britanniques et les proches de Margaret Thatcher avaient pu voir leur Premier ministre, l'air hagard, les larmes aux yeux. Elle alla même jusqu'à éclater en sanglots devant les caméras. Elle était tellement bouleversée par l'événement qu'elle envoya une section spéciale de l'armée rechercher Mark, ce qui suscita de nombreuses critiques.

*
* *

En avril 1976, James Callaghan devint Premier ministre et se montra encore plus désobligeant à son égard que son prédécesseur, Harold Wilson. Il traitait Margaret avec une condescendance ironique qui l'exaspérait. Un

jour, alors qu'une demande de motion de censure venait
de lui être refusée, Callaghan la railla de la sorte :
« Allons, allons, ma petite dame, il ne faut pas croire tout
ce qu'on vous dit dans la presse sur la crise et les troubles
et la fin de la civilisation. Non, non, ma brave dame, il ne
faut pas. »

Elle garda dans son cabinet fantôme pratiquement
toute l'ancienne équipe de Heath : il ne fallait surtout pas
s'aliéner les principaux chefs du parti. Pour n'effrayer personne, elle n'accorda pas la Chancellerie à Keith Joseph,
mais lui demanda de diriger le *Center for Policy Studies*.
C'est Geoffrey Howe, un converti au « thatchérisme », qui
prit sa place. Howe, avocat de formation, était capable
selon les mauvaises langues, d'accommoder n'importe
quel fait au goût du jour. Il allait devenir l'indispensable
supporter de tous les caprices du thatchérisme, après avoir
été l'un des principaux instigateurs de la politique de
Heath. Il avait toujours su changer de politique, tout en
expliquant que toutes les politiques se valaient et qu'en
définitive, ce qui comptait, c'était le conservatisme.

Autant Thatcher semblait savoir où elle allait en
matière économique (Joseph et Howe étaient là pour assurer la mise en œuvre de ses idées), autant elle était nettement plus prudente et moins assurée pour ce qui était du
deuxième volet du « thatchérisme » : la mise au pas des
syndicats. Elle resta prudente en nommant ministre fantôme de l'Emploi James Prior, un camarade de Heath,
ancien ministre, dont les idées en la matière n'étaient
certes pas radicales. Son flair politique lui disait qu'elle ne
pouvait pas tout faire à la fois. D'abord, la révolution
économique; ensuite, elle s'occuperait des syndicats.

Elle commença par travailler en petit comité, où les
décisions se prenaient à deux ou trois, avec des collabora-

teurs sûrs, avant de présenter ses idées au cabinet fantôme. Un style de gouvernement naissait, qu'elle perpétue-
rait et qui alimenterait les débats sur l'affaiblissement du
rôle du cabinet sous son mandat. Ces années dans l'ombre
du pouvoir furent une expérience précieuse mais frus-
trante pour quelqu'un comme Margaret : « Dans l'opposition, on ne peut que questionner et exiger. Au gouvernement, on peut parler et agir. J'aimerais me mettre au
travail. »

En 1978, tout le monde s'attendait à des élections, mais
Callaghan décida, contre tout bon sens, de les repousser.
Déçue, Margaret reprit ses voyages. En septembre 1976,
elle fit un voyage en Inde où elle rencontra une des rares
femmes pour lesquelles elle eut une admiration sans
bornes : Indira Gandhi. Une fois n'est pas coutume et avec
Indira, Margaret ne fut ni agressive, ni intimidante, ni
pontifiante. En dépit de leurs profondes divergences politiques, une grande complicité les unissait. Lorsqu'Indira
Gandhi fut assassinée en 1984, Thatcher dit « elle me
manquera beaucoup. Notre amitié avait une qualité particulière ».

Elle se rendit à nouveau aux Etats-Unis où elle rencontra Jimmy Carter. Selon Chris Ogden, un des biographes de Thatcher, il fut surpris par leur entretien.
Pointant sur lui un doigt accusateur, elle le sermonna sur
la manière de traiter avec les syndicats et critiqua violemment son idée selon laquelle la morale devait faire partie
intégrante de la politique étrangère. « Sornettes », disait-
elle, « la politique étrangère se résume à l'intérêt national. » Carter blêmit. Plus tard, il dirait que Thatcher était
une femme « dure, opiniâtre, têtue, volontariste et incapable d'admettre qu'elle ignorait quelque chose. » L'opinion que Thatcher avait de lui ne valait guère mieux :
« mou » et « invertébré ».

Finalement, en mars 1979, elle força Callaghan à démissionner après « l'hiver de mécontentement », en faisant adopter une motion de censure contre le gouvernement. Le Parlement fut dissout, et la campagne électorale dura quatre semaines. Deux jours après le début de la campagne, Airey Neave fut tué dans l'explosion de sa voiture, piégée par l'IRA. Margaret, qui considérait qu'elle lui devait tout, fut très atteinte. Mais, elle se ressaisit rapidement : « Nous devons gagner maintenant. Pour Airey. » Elle commença par convaincre sa veuve de travailler à ses côtés pendant la campagne électorale, ne voulant pas qu'elle reste seule à tourner en rond. Puis elle se mit en route, sillonna le pays du nord au sud – débordant d'énergie, infatigable, épuisant tout son entourage. Visites d'usines, d'institutions, d'hôpitaux, de maisons privées, interviews à la radio et à la télévision. Denis l'accompagnait la plupart du temps. Plus la campagne avançait, plus son entourage était épuisé, et plus Margaret semblait épanouie. Elle dormait, comme toujours, quatre heures par nuit et le reste du temps ne s'arrêtait jamais. Son équipe disait avoir du mal à la suivre. Elle prenait les gens par la main, les regardait dans les yeux et leur posait des questions sur leur famille, leurs problèmes. Elle parlait avec une animation et une fougue de missionnaire. Elle dénonçait le gouvernement travailliste : « Notre grande nation ne sera bientôt qu'une note en bas de page dans les livres d'histoire, souvenir lointain d'une île inconnue, dont on se remémorera le passé glorieux. »

La campagne opposait « Sunny Jim » (Jim le radieux, comme on appelait Callaghan) et la Dame de fer. Le parti travailliste dénonçait Margaret Thatcher comme une extrémiste de droite. Sa politique était destructrice et réactionnaire. Les Britanniques voulaient-ils vraiment tout

mettre à bas? Le leitmotiv de Margaret était simple :
« Cette élection sera déterminante pour l'avenir de
l'Angleterre – un grand pays qui semble avoir perdu son
chemin. » Thatcher savait parfaitement que si elle ne remportait pas l'élection, elle serait aussitôt remplacée à la
tête du parti et jetée aux oubliettes de la politique. Le soir
du vote, elle attendit les résultats dans sa circonscription
de Finchley. Les premiers chiffres n'étaient pas très
encourageants. Finalement, elle arriva en tête à Finchley
avec une majorité de 7 900 voix. A 4 heures du matin, il
était évident qu'elle avait gagné les élections. Margaret et
sa famille se rendirent à Smith Square, le siège du parti.
Les conservateurs avaient une majorité de 44 sièges, le
champagne coulait à flots, les fidèles se congratulaient,
Denis dormait dans un coin. Soudain, Margaret se tourna
anxieusement vers Ronald Millar : « Avez-vous pensé à ce
que je pourrais dire demain? »

Le lendemain matin, Margaret Thatcher déclara à la
télévision « A tous les Britanniques, quelqu'ait été leur
vote, je voudrais dire la chose suivante : à présent que les
élections sont terminées, rassemblons-nous pour servir et
donner des forces à ce pays auquel nous sommes si fiers
d'appartenir. Pour reprendre les mots d'Airey Neave, que
nous aurions tant aimé avoir avec nous ici : ' Maintenant,
au travail '. »

CHAPITRE 6

Chef rebelle

« Je suis le chef rebelle d'un gouvernement
conformiste. »

MARGARET THATCHER

Malgré ses annonces radicales, le premier cabinet Thatcher révélait des choix extrêmement prudents. Dix-huit de
ses vingt-deux membres faisaient partie du dernier gouvernement Heath, et certains avaient même été ses
proches conseillers. Il valait mieux les avoir à l'œil plutôt
que de les laisser fomenter des révoltes auprès des *backbenchers*, parmi lesquels ils sauraient obtenir du soutien.
Mais aucun membre de la vieille garde ne se vit offrir un
poste clé de la politique économique. Thatcher voulait
mener *sa* révolution. Une nouvelle équipe, *son* équipe, se
chargerait de l'inflation, des dépenses de l'Etat, de la fis-
calité et de la réduction des aides de l'Etat à l'industrie.

Le poste le plus important, celui de Chancelier de
l'Echiquier, échut à Geoffrey Howe. Il fut rejoint par
deux autres fervents du nouvel ordre économique, John
Biffen et Nigel Lawson. John Biffen fut le premier thatchérien pur et dur. Il n'avait jamais fait partie d'un gouvernement ; il ne croyait ni à la planification économique

ni à la politique salariale. Il méprisait le corporatisme d'Etat et était un monétariste convaincu. Anti-européen acharné, il occupait une place à part aux yeux de Margaret : tous ses autres ministres étaient pro-européens. Sorti de nulle part, il apparut subitement dans son entourage. Et, point essentiel pour Thatcher, Biffen, fils d'un métayer du Somerset, était un *self-made man*. Son passé et ses convictions convenaient parfaitement au nouveau leader. Elle le nomma directeur du Trésor. Il fut rejoint par Nigel Lawson, un brillant et arrogant journaliste économique. Keith Joseph reçut le portefeuille de l'Industrie. Ainsi celui qui s'était fait le chantre de la réduction du rôle de l'Etat dans l'industrie pourrait en être l'artisan.

En Grande-Bretagne, la reine n'a aucun pouvoir. A la différence du Premier ministre, elle ne peut changer les lois, déclarer la guerre ou exposer en public ses opinions politiques. Mais la reine joue un rôle symbolique important, détentrice d'un sens de la continuité que ses Premiers ministres transitoires ne possèdent pas. Ayant eu en main tous les documents importants du cabinet et du Foreign Office depuis près de quarante ans, elle est l'une des personnes les mieux informées sur toutes les affaires du royaume. Chef du Commonwealth, elle connaît tous les leaders du monde, qu'elle fréquente depuis son accession au trône en 1952.

La reine et Margaret Thatcher ont six mois de différence d'âge – Margaret est l'aînée. Traditionnellement, le Premier ministre rend visite à la reine une fois par semaine. C'est une réunion privée en tête à tête. En période de session parlementaire, la rencontre a lieu au Palais de Buckingham, le mardi à dix-huit heures trente. La reine est la gardienne des traditions. Thatcher, elle, ne fit que les piétiner. A son arrivée, la reine en savait plus long

108

qu'elle sur les affaires étrangères, ce qui l'irrita. La reine prend son rôle de « mère du pays » très au sérieux : elle s'occupe et se soucie de ses sujets, qu'ils soient riches, pauvres, travaillistes ou conservateurs. Margaret, elle, était une méritocrate qui croyait en la responsabilité strictement individuelle, qui rêvait de se débarrasser pour toujours des socialistes et qui n'a jamais donné l'image, en public, d'une « mère » se préoccupant de ses concitoyens. En plus, la reine est connue pour son humour, souvent dans la meilleure tradition anglaise des classes aisées : l'autodérision. Se moquer de soi-même est bien la dernière chose qui viendrait à l'esprit de Margaret Thatcher. Néanmoins, dans la conversation, la reine est directe. Cela plut à Thatcher.

Personne ne sait ce qu'elles se sont dit chaque mardi dans la salle d'audience. On devine, cependant, que la reine désapprouvait la politique agressive de Thatcher, mais ne pouvait le dire publiquement. Le *Sunday Times* rapporta un jour que la reine était « consternée » par certaines décisions politiques du Premier ministre, surtout par son refus d'imposer des sanctions à l'Afrique du Sud. Le lendemain, la presse entière s'en donna à cœur joie et parla d'une « crise constitutionnelle ». Downing Street rétorqua : « N'importe quoi. » Le Palais, plus dignement, affirma que tout cela était « sans fondement ».

Chaque année, les Thatcher passaient le premier week-end de septembre avec la reine et le prince Philip dans le château royal de Balmoral, en Ecosse. Au début, Margaret était très nerveuse. C'était pour elle une véritable torture que de se retrouver avec des aristocrates qui adoraient parcourir la campagne à cheval, chasser et jouer aux charades le soir. L'idée de se ridiculiser, ne fût-ce que quelques instants, et en plus devant la reine, consternait

Margaret. Surtout parce qu'elle avait toujours fait preuve d'un respect pour la royauté que certains jugeaient exagéré – ses longues et profondes révérences à la reine, ses commentaires sur les week-ends à Balmoral (*absolutely lovely*, « absolument ravissant », mauvaise imitation du style royal) furent l'objet de plaisanteries. Mais, en dépit des difficultés que rencontrait le couple royal pour « trouver quelque chose à faire avec les Thatcher » (heureusement, il y avait les fameuses « boîtes rouges » ministérielles), cela se passait assez bien, surtout en comparaison avec les week-ends passés en compagnie d'Edward Heath, bien plus pénibles pour la reine et le prince (qui, avec Thatcher, en étaient à leur huitième Premier ministre).

On a dit que Thatcher ne savait pas « tenir son rang ». Elle n'en avait que faire. Au fur et à mesure que les années passèrent, elle usa de plus en plus du « nous » royal, à l'indignation de la presse : « Nous avons tant appris que nous n'oublierons jamais les belles choses que nous avons vues », dit-elle après un séjour en URSS. Et son fameux « Nous sommes grand-mère » fit couler plus d'encre que certaines crises pourtant bien plus graves : personne, en Angleterre, ne peut impunément se rendre coupable de lèse-majesté.

Douze jours après l'élection, la session parlementaire fut ouverte par la reine, qui lut devant la Chambre des Lords le discours du Premier ministre, annonçant un programme « révolutionnaire » : réduction des dépenses de l'Etat (sauf pour la Défense et la police; leurs budgets seraient augmentés et le programme nucléaire développé); l'adhésion à la C.E.E. serait maintenue mais le gouverne-

chercherait à obtenir de meilleures conditions financières; de nouvelles lois limiteraient le pouvoir des syndicats; le rachat des H.L.M. par leurs locataires seraient favorisés par l'Etat; la médecine privée serait encouragée; un contrôle plus strict de l'immigration serait mis en place; et, point essentiel du programme, une importante réforme fiscale réduirait de manière significative les impôts directs.

Les six jours de débats qui suivirent le discours de la reine inaugurèrent une période de profonds antagonismes entre le gouvernement et l'opposition. L'ère du « consensus » fut vite oubliée. Thatcher ayant annoncé que la mise en œuvre des réformes demanderait dix ans, Callaghan l'accueillit aux Communes en lui lançant : « Alors, il paraît que l'Utopie va être retardée d'un ou deux jours? ». Un autre député lui jeta : « Toute votre politique vise à favoriser les nantis aux dépens de ceux qui n'ont rien. » « Vous avez eu votre chance, » répliqua-t-elle. « Maintenant, c'est notre tour. »

Le 12 juin, le gouvernement présenta son budget : Geoffrey Howe, dans un discours d'une heure et quart, annonça, en buvant un gin-tonic (la tradition veut que le Chancelier de l'Echiquier ait le droit de boire de l'alcool en annonçant son budget), un budget ultra-libéral qui fit l'effet d'une tornade sur une Chambre des Communes ahurie : les impôts directs seraient réduits de 6 milliards de livres, le taux d'imposition des plus hauts salaires passerait de 83 à 60 %; les taux les plus bas de 33 à 30 %. Une T.V.A. de 15 % permettrait de rétablir la balance des comptes.

« Trahison! » hurlèrent les travaillistes. Callaghan cria : « Injuste, inflationniste, irresponsable! Un budget mesquin, diabolique. » « Les riches seront plus riches, les pauvres plus pauvres », disaient, hors d'eux, les dirigeants des syndicats.

Thatcher et son petit groupe savaient que la potion qu'ils avaient concoctée serait dure à avaler. Ils pouvaient néanmoins compter sur la majorité conservatrice. Mais le pays réagit mal : la popularité de Thatcher chuta vertigineusement. Elle n'en fut pas émue. Elle n'avait aucune intention de faire la moindre concession. La fille d'Alf savait nager à contre-courant. Mais ce qui la troubla le plus fut de constater que tous les membres du gouvernement n'avaient pas reçu la même éducation qu'elle. Certains membres du cabinet, en effet, traînaient les pieds pour mettre en pratique les réductions radicales des dépenses publiques qu'ils avaient si facilement approuvées lors des discussions. Ils furent appelés les *wets* (les « mouillés ») et les autres, les purs et durs, les *drys* (les « secs »). Le mot *wet*, emprunté au vocabulaire des écoliers anglais, fut rapidement adopté à Westminster et par la presse.

Le 10 Downing Street est une sorte de bureau où travaillent environ 130 personnes. Quelqu'un l'a décrit comme « la maison d'un gentleman où, de temps en temps, il y a un peu de gouvernement ». La partie habitable se trouve dans des combles aménagés. Le gouvernement paie l'entretien du bâtiment et les salaires des hauts fonctionnaires. Le Premier ministre loue l'appartement de fonction (pour un loyer équivalent à 10 % de son salaire) et paie tous les frais de fonctionnement de la maison, dont les salaires non gouvernementaux et les réceptions.

Dès son arrivée à Downing Street, Thatcher entreprit des aménagements à son goût. D'abord, pas de copies d'œuvres d'art, rien que des originaux. C'est ainsi qu'elle fit remplacer les portraits de Nelson et de Wellington. Elle fit installer d'autre part des bustes de scientifiques : Joseph Priestley (découvreur de l'oxygène), Michael Faraday (de l'électromagnétisme) et Humphrey Davy (inventeur de la lampe de sécurité des mineurs). Lorsqu'elle apprit que l'ambassade britannique à Paris possédait trois Turner, elle insista pour les avoir et les accrocha à Downing Street – l'un d'eux au-dessus de la cheminée. Elle se débarrassa aussi de tout le mobilier « rococo » et fit venir du Musée Victoria et Albert de solides meubles anglais. Lorsqu'on découvrit une liste de l'IRA sur laquelle figurait le nom de son fils Mark, celui-ci emménagea au 10 Downing Street pour des raisons de sécurité.

Comme il n'y avait pas de couverts en argent à Downing Street et que, lors de son premier dîner officiel pour Helmut Schmidt, elle en avait été fort embarrassée, elle se fit immédiatement prêter de l'argenterie par Lord Bronlow, un propriétaire terrien de la région de Grantham dont le père avait collaboré pendant des années avec Alfred Roberts au conseil municipal.

Margaret réglait ses journées sur un rythme qui lui convenait mieux qu'à la plupart des gens : debout à 6 heures du matin, elle écoutait à la radio le programme *Today* – des nouvelles commentées. A 8 heures 30, elle tenait une réunion avec son attachée de presse, quelques conseillers et sa secrétaire, afin de préparer le programme de la journée, les interventions, prévoir les difficultés et les pièges. Après quoi, la journée normale du Premier ministre était une succession de réunions : commissions les mardis et jeudis matins, réunion du cabinet pendant deux heures, réunion avec la reine une fois par semaine, avec des chefs d'Etat étrangers, avec des chefs d'entreprise et avec ses collègues. Margaret déjeunait très souvent à la cantine de la Chambre des Communes, seul Premier ministre à le faire régulièrement.

Les questions au Premier ministre sont une épreuve rituelle – 15 minutes tous les mardis et jeudis après-midi aux Communes. A cela il faut ajouter des votes tard dans la nuit, des discours, des banquets, des émissions de radio, des visites dans tout le pays et, en fin de journée, le travail sur les boîtes rouges. Une boîte pleine représente en gros deux heures de travail et chaque ministre en « digère » au moins une par soirée. Le Premier ministre en a deux ou trois.

*
* *

Quelques jours à peine après l'élection, Margaret Thatcher s'envola pour ses deux premiers sommets internationaux : le premier, européen, à Strasbourg, le second, grand sommet économique des pays industrialisés, à Tokyo. Margaret, on le sait, avait peu voyagé, connaissait mal les cultures étrangères et ne s'intéressait guère au reste du monde. Mais elle découvrit très vite qu'elle avait un rôle international à jouer, une mission à remplir qu'elle prit de plus en plus au sérieux.

Son Premier ministre des Affaires étrangères fut Lord Carrington, sixième baron du nom et propriétaire terrien. Parfait gentleman, il sut plaire à Thatcher : toujours poli, doué d'un charme naturel et d'un humour subtil, il savait lui donner l'impression d'un indéfectible respect pour son autorité. Carrington parvenait même à se moquer d'elle, avec élégance bien sûr, et à l'en faire rire, signe qu'elle l'aimait bien. Ce fut une des plus fructueuses collaborations de Thatcher avec un ministre pendant son premier mandat. Sous l'égide de Carrington, Margaret apprit vite et beaucoup. Car elle nourissait la même méfiance envers le *Foreign Office* (les Affaires étrangères) qu'envers le *Civil Service*; pour elle, c'était un nid de *wets* de la pire espèce qui n'attendaient ses directives que pour mieux y désobéir, n'en faire qu'à leur tête, et le tout avec une morgue de patricien. Carrington se chargea de faire le lien; il était apprécié des deux côtés et tout se passa sans trop de heurts.

Le sommet de Strasbourg intimida Margaret. Elle voulait y faire bonne figure, bien qu'elle fût tout à fait décidée à obtenir une renégociation de la contribution financière britannique. Elle considérait que la Grande-Bretagne payait 30 % de trop, et elle n'avait aucune intention d'accepter le statu quo. C'était pour elle une évidence et une juste cause : la nation britannique était la victime de pays européens plus riches qu'elle. Il y avait pire encore, à ses yeux : « Si nous considérons l'Europe comme une entité, il est clair que les divisions actuelles du centre et de la droite donnent à la gauche un avantage que nous autres ne pouvons nous permettre de tolérer. » A ses yeux, l'Europe était profondément suspecte. Les préjugés profonds d'Alfred Roberts étaient bien ancrés chez sa fille.

Thatcher ne croyait pas aux vertus de la négociation, ni à l'intérieur du cabinet, ni à l'extérieur, à la grande consternation du Foreign Office. Elle considérait que la discussion franche voire la confrontation étaient bien plus productives que les négociations polies. En outre, elle était persuadée qu'elle bénéficiait du système parlementaire britannique. Elle estimait que le fait d'être obligée de rendre compte à son Parlement lors des questions au Premier ministre, deux fois par semaine, l'obligeait à se tenir bien plus au fait des problèmes que ses collègues européens et lui donnait un avantage sur eux. La Grande-Bretagne payait environ 20 % du budget de la C.E.E. Pour la fille de Alf, la caisse était mal tenue.

Après Strasbourg, elle s'envola pour Tokyo, où elle connut auprès de la presse japonaise son premier grand succès médiatique à l'étranger. Elle fut ravie : seule femme parmi tous ces chefs d'Etat, Margaret brilla. Les chefs d'Etat étrangers virent pour la première fois l'ancienne écolière de Grantham en action; elle savait tout sur le pétrole : chiffres, pourcentages, statistiques, jusqu'au moindre détail. Elle s'entendit assez bien avec Helmut Schmidt et Valéry Giscard d'Estaing, qui pourtant ne tarderait pas à la détester et la surnommerait la « fille de l'épicier ». Cette fois Jimmy Carter, apprécia son attitude pro-américaine. Elle fut la dernière à faire sa déclaration lors de la conférence de presse générale, et la seule à parler sans notes. Directe et spontanée, on comprenait aisément l'immense curiosité qu'elle avait suscitée chez les Japonais.

La date importante suivante sur l'agenda du Foreign Office fut la conférence du Commonwealth à Lusaka, en Zambie. Le Zimbabwe (ex-Rhodésie du sud), ancienne colonie britannique, était dans une situation désespérée. Plus de 20 000 personnes avaient déjà péri dans une guerre civile dont on ne voyait pas l'issue. En 1965, la minorité blanche dirigée par Ian Smith avait unilatéralement proclamé l'indépendance. Le gouvernement socialiste anglais avait immédiatement appliqué des sanctions économiques. En 1979, l'évêque Abel Muzorewa gagna les élections et succéda à Smith. En fait, l'élection avait été manipulée par la minorité blanche, qui continuait à détenir les positions clés du gouvernement rhodésien. « Cela aurait été un désastre de reconnaître le gouvernement de Muzorewa », dit Lord Carrington : « Muzorewa gouvernait avec Smith fermement perché sur son épaule droite. » Les deux candidats préférés de la population noire, Mugabe et Nkomo, avaient juré de continuer la lutte jusqu'à l'organisation d'élections véritablement démocratiques.

Quelques semaines plus tôt, Thatcher avait commis sa première gaffe diplomatique en déclarant à un journaliste qu'il était peut-être temps de lever les sanctions contre la Rhodésie conformément à sa philosophie personnelle et aux conseils de Denis. Carrington et ses collègues, s'opposant à l'aile droite du parti, firent tout pour la convaincre du contraire. Mais Thatcher, têtue, avait bien l'intention de reconnaître Muzorewa. Carrington persuada néanmoins Thatcher d'assister à la conférence du Commonwealth à Lusaka. Juste avant l'ouverture de la conférence, les chefs des pays concernés – Botswana, Zambie, Mozambique, Angola et Tanzanie – annoncèrent qu'ils opposeraient un front uni à Thatcher sur la question du soutien à Muzorewa. Avant même d'avoir commencé, la conférence tournait à la catastrophe. On avertit Thatcher qu'elle devait s'attendre à un accueil brutal. Elle s'envola pour Lusaka en compagnie de Carrington le 30 juillet. Pendant le voyage, en pleine nuit, celui-ci remarqua qu'elle jouait nerveusement avec une énorme paire de lunettes de soleil. Il lui demanda la raison de ces lunettes. « Je suis sûre qu'à la descente de l'avion, ils vont me jeter de l'acide à la figure. » Carrington répondit : « Vous vous méprenez sur le compte des Africains. Ils ne feront rien de la sorte ! Peut-être vous insulteront-ils, mais rien de plus. Il se peut même qu'ils vous acclament. » Margaret le regarda fixement : « Je ne vous crois pas. » L'avion atterrit, la porte s'ouvrit et Thatcher sortit et descendit les marches avec assurance. « Et vos lunettes ? » dit Carrington, prêt à retourner les chercher dans l'avion. « J'ai changé d'avis. Je ne vais quand même pas leur montrer que j'ai peur ! » Et elle serra la main du président Kaunda, au milieu d'une foule enthousiaste.

Le gouvernement avait conseillé à la reine, chef du Commonwealth, de ne pas se rendre à Lusaka, mais celle-ci n'avait rien voulu entendre. Arrivée deux jours avant Thatcher, elle avait tempéré l'humeur des présidents africains, convaincu Kaunda de mettre un terme aux attaques de la presse locale contre Thatcher, et lui avait redonné confiance sur les possibilités de négociation avec le Premier ministre.

Contre toute attente, la conférence fut un succès. Margaret fit une volte-face complète, demanda un cessez-le-feu en Rhodésie, une nouvelle constitution et de nouvelles élections supervisées par les Britanniques. De leur côté, les présidents Kenneth Kaunda, de Zambie, et Julius Nyerere, de Tanzanie, avaient adouci leurs propos et choisi l'arme de la persuasion ; de leur côté, Lord Carrington et le Foreign Office harcelaient Thatcher et ne la lâchèrent pas avant de l'avoir fait céder. Ainsi la résolution du problème rhodésien fut-elle attribuée à Thatcher. C'était oublier le travail discret de la reine, qui avait préparé la voie pour l'accord qui suivit. Tout le monde accueillit la nouvelle avec enthousiasme, sauf l'aile droite du parti conservateur. Thatcher venait de se forger une réputation internationale : depuis plus de dix ans, le problème rhodésien était une épine dans le pied des gouvernements britanniques successifs.

Lors du deuxième sommet européen auquel assista Margaret Thatcher, en novembre 1979 à Dublin, le ton des échanges était devenu plus aigre. Thatcher arriva

118

décidée à en découdre. Depuis le sommet de Strasbourg, elle avait pris de l'assurance. Elle refusa catégoriquement d'adhérer au Système Monétaire Européen, d'ouvrir les zones de pêche anglaises aux bateaux européens et de vendre le pétrole de la mer du Nord en-dessous du prix fixé par l'OPEP. Sur la question de la contribution financière de la Grande-Bretagne, Margaret se fâcha pour de bon et, pour la première fois, donna un aperçu du style qui allait devenir le sien lors des sommets européens. Elle tapa du poing sur la table de conférence : « Je veux mon argent. Je veux mon argent. » Et elle réussit cet exploit caractéristique des « années Thatcher » : unir la communauté européenne contre elle.

Pendant ses voyages, Margaret Thatcher manifestait toujours son impatience de rentrer en Angleterre et de s'occuper de son pays – elle voulait faire avancer sa révolution. Dès juillet 1979, le gouvernement avait commencé à légiférer sur le pouvoir des syndicats, ce qui contribua évidemment à détériorer le climat politique, économique et social. Il y eut une levée de boucliers de la part des syndicats. Mais Thatcher n'était pas encore prête. Le grand face-à-face qui bouleverserait les rapports de force syndicats-gouvernement en Grande-Bretagne ne devait avoir lieu que quelques années plus tard. Dix-huit mois après son accession au pouvoir, la popularité de Margaret Thatcher et de son gouvernement avait chuté de manière dramatique et la crise était si aiguë que Margaret Thatcher elle-même commençait à désespérer : la récession menaçait, le chômage avait dépassé les 2 millions, l'inflation avait atteint 21 %. Les usines fermaient chaque jour. Et, plus inquiétant encore pour le gouvernement, les fanatiques du monétarisme s'aperçurent qu'ils s'étaient trompés de 30 % dans leur estimation de la quantité de monnaie disponible. Un M.P. travailliste railla Thatcher lors d'une séance des Communes : « Le Premier ministre est-elle vêtue de noir en raison des chiffres du chômage? » C'était le moment ou jamais de faire demi-tour, de changer de politique avant qu'il ne soit trop tard, comme l'avaient fait ses prédécesseurs Heath et Wilson. C'est alors qu'elle eut une de ses plus belles répliques : « Vous, faites demi-tour si ça vous chante. La dame ne bougera pas. » *(The lady's not for turning).*

Les grèves commencèrent à s'étendre dans le secteur public : le gouvernement, poussé par Thatcher, choisit l'affrontement. Fait symbolique, pour la première fois depuis la guerre, les dirigeants syndicaux ne mettaient presque plus les pieds au 10, Downing Street, alors que, durant toutes les années du « consensus », ils s'y rendaient aussi souvent que les membres du cabinet. « On ne sert plus de bière ni de sandwiches au n° 10 », ironisa Thatcher. Les syndicats n'étaient pas les seuls à manifester leur mécontentement. Un week-end d'avril 1981, des émeutes éclatèrent dans le quartier multi-ethnique de Brixton au sud de Londres dont les habitants entretenaient depuis toujours de mauvais rapports avec la police. Les violences durèrent 3 jours, firent des centaines de blessés, surtout des jeunes Antillais et des policiers; 28 bâtiments furent détruits ou saccagés. Il y eut 224 arrestations. L'Angleterre n'avait jamais connu d'émeutes aussi dures. Les habitants de Brixton ne cessaient de répéter : « Nous n'en voulons pas aux Blancs. Notre problème, c'est le travail et l'argent. Il y a des limites à ce qu'on peut supporter. » Mais Brixton n'était encore rien par rapport à ce qui allait suivre : trois mois plus tard, une vague d'émeutes et de pillages balaya le pays, et le chômage frappa de plein fouet les grandes villes. Aux nouvelles du soir à la télévision, on montrait sur une carte du pays le nombre d'emplois perdus au cours de la semaine. Des semaines qui semblèrent sans fin à de nombreux Britanniques, hommes politiques ou non.

Margaret Thatcher reçut le précieux soutien moral de William Whitelaw, puissant et respecté personnage du parti, qui lui avait juré fidélité. Son soutien sauva Thatcher d'une révolte concertée parmi les conservateurs. Alors que sa popularité était au plus bas, alors que les *backbenchers* grognaient de plus en plus, Whitelaw déclara fermement, en bon soldat « Je resterai à ses côtés jusqu'au bout. » Thatcher réagit mal aux émeutes – c'est-à-dire qu'elle ne réagit pratiquement pas. Elle ne fit preuve d'aucune compréhension pour les conditions de vie dans les quartiers pauvres, pour les revendications et les plaintes légitimes des personnes concernées. Elle admit qu'il faudrait découvrir les causes de la violence, mais répéta que le plus important était de faire comprendre à chaque citoyen que son devoir était d'obéir à la loi. La fille d'Alfred se révéla pleinement lorsqu'elle s'exclama, en voyant à la télévision les images de violence, de pillages et de blessés dans les rues : « Oh! Les pauvres commerçants! »

La fronde à l'intérieur du parti s'aggrava. La réaction de Thatcher fut de congédier la moitié de son cabinet et de muter presque tous les autres. Elle entreprit de placer « ses » hommes : Cecil Parkinson, grand favori, fils d'un cheminot, et Norman Tebbit, un dur de la droite, fils de chômeur. Après les émeutes de Brixton, Norman Tebbit avait prononcé un discours devenu célèbre qui commençait ainsi : « Au lieu de participer aux émeutes, mon père prit sa bicyclette, et alla chercher du travail. » « Prendre sa bicyclette » devint un leitmotiv de la morale thatchérienne.

Un groupe de 364 économistes signa une pétition dénonçant la politique thatchérienne : « Rien dans la théorie économique ne justifie l'idée du gouvernement selon laquelle on fera baisser définitivement l'inflation en réduisant la demande et on produira par ce biais une reprise de la production et de l'emploi. La politique actuelle aggravera la dépression, usera l'infrastructure industrielle et menacera la stabilité politique du pays. » C'était l'occasion rêvée pour les travaillistes d'attaquer, voire de déloger Thatcher. Le pays était contre elle, son propre parti avait peur. Mais à ce moment-là, les travaillistes étaient occupés à tout autre chose : une guerre interne. Après avoir annoncé qu'une fois au pouvoir, la Grande-Bretagne se retirerait du Marché commun et procéderait au désarmement nucléaire unilatéral, les travaillistes proposèrent d'instaurer un système de démocratie directe à l'intérieur du parti. Ce fut la goutte qui fit déborder le vase, et, le 26 mars 1981, plusieurs personnalités quittèrent le parti travailliste pour former le S.D.P. (parti social-démocrate).

*
* *

En 1980, à la prison Maze de Belfast, les prisonniers de l'IRA déclenchèrent une série de grèves de la faim pour obtenir la reconnaissance de leur statut de prisonniers politiques. « Hors de question », répondit Thatcher. Le « problème irlandais » date du XIIe siècle, lorsque Henry II d'Angleterre envahit l'Irlande et s'en proclama le roi. Du XIIIe au XVIIe siècle, l'Angleterre maintint sa domination malgré une résistance continuelle et quelques révoltes noyées dans le sang, notamment celles de O'Neill et O'Donnell, au XVIe siècle. En 1607, le roi Jacques Ier saisit les terres des nobles du nord, particulièrement rebelles, et

122

les répartit au cours de trente ans, entre plus de cent mille protestants fidèles à la couronne. Au XVIIIe siècle, il était toujours interdit à un catholique d'avoir un poste politique, d'acheter ou d'hériter des terres. Durant tout le XIXe siècle, les Irlandais se battirent pour obtenir la *Home Rule* (le statut d'autonomie).

En avril 1916, le lundi de Pâques, une insurrection fut matée et ses principaux dirigeants exécutés. Le bras armé du parti nationaliste Sinn Fein, l'IRA, organisa une véritable guerre de libération qui conduisit en 1921 à la partition du pays. La partition se fit entre la République d'Irlande avec ses 26 comtés catholiques et l'Ulster avec ses six comtés dominés par les protestants. Il y eut, jusqu'à la fin des années soixante, une période de calme relatif. Puis les tensions en Ulster devinrent si fortes que tout explosa, et le cercle vicieux des attentats et des représailles recommença. Entre 1968 et 1990, il y eut près de 3 000 morts et plus de 30 000 blessés.

La grève de la faim de 1980 dura 53 jours – les grévistes n'obtinrent rien. Thatcher resta de marbre. L'année suivante, une autre grève de la faim s'organisa dont le leader était Bobby Sands, un activiste dur de 27 ans. Le motif était le même : reconnaissance du statut de prisonnier politique. Le gouvernement refusa. Quatre jours plus tard, un M.P. catholique d'une circonscription irlandaise mourut. Bobby Sands fut élu à sa place. Sands s'obstina, continua sa grève de la faim. Malgré les tentatives de plusieurs M.P., il ne se laissa pas fléchir. Thatcher, de son côté, ne voulait rien savoir. 66 jours après le début de sa grève, Sands mourut, ainsi que 9 autres prisonniers de Maze. Des pétitions avaient été envoyées du monde entier, accompagnés de pressions de toutes sortes. Thatcher ne s'émut pas davantage. Elle fut désavouée par la communauté internationale, et l'aide de la communauté irlandaise d'Amérique à l'IRA tripla. « Monsieur Sands était un criminel ! » déclara-t-elle aux Communes. « Il a choisi de prendre sa propre vie. C'est un choix que son organisation n'a pas souvent laissé à ses victimes. »

Thatcher avait d'autres choses à faire, bien plus importantes à ses yeux, que de s'occuper du problème irlandais, problème « insoluble » depuis des siècles.

En janvier 1981, Ronald Reagan devint président des Etats-Unis. Thatcher fut le premier chef d'Etat étranger à rendre visite à Reagan. Pour Washington, elle était déjà une héroïne : 18 mois au pouvoir, et une politique proche de celle de Reagan ; le « thatchérisme » et le « reaganisme » marcheraient la main dans la main. Au début, rien n'avait l'air de distinguer leurs points de vue : tous deux étaient des politiciens de conviction, tous deux préconisaient la dérégulation et la solidité de la monnaie. Ils s'engagèrent à se soutenir mutuellement dans les moments difficiles, chose que Thatcher n'oublia pas, même quand son instinct lui disait le contraire (notamment lors du bombardement américain de la Libye, quand l'Angleterre permit aux avions américains de s'approvisionner sur le sol britannique, contre sa propre intuition, et celle de ses proches conseillers. « C'est notre ami, et nous avons promis de l'aider »).

Plus tard, le « reaganisme » et le « thatchérisme » devaient diverger. Les Américains trouvaient que les Anglais ne réduisaient pas assez les impôts directs, et les Anglais étaient horrifiés de voir Reagan s'occuper davantage de la dérégulation que de la monnaie. Et l'incapacité des Américains à maîtriser le déficit budgétaire laissait les thatchériens pantois.

Dès ce premier séjour triomphal à Washington, bien que Carrington et ses collègues aient passé leur temps à tempérer discrètement les engagements et les promesses enthousiastes de Margaret à « Ronnie », la différence entre les deux chefs d'Etat sautait aux yeux. Margaret Thatcher était un Premier ministre qui travaillait dur, se levait tôt, se couchait tard, ne prenait presque jamais de vacances, avait une passion pour les détails et lisait tout ce qu'on lui présentait. Elle avait un style agressif, pressé, impatient. Et elle était infatigable. Ronald Reagan ne pouvait être plus différent : il se levait tard, à 9 heures du matin, terminait sa journée vers 17 heures, partait en week-end tôt le vendredi, ne travaillait pas le mercredi après-midi, regardait des films à la télé, ne lisait presque jamais les rapports qu'on lui soumettait et estimait que moins il en savait, mieux il gouvernait. Sa présidence fut baptisée « Présidence Zen » : moins il s'inquiétait ou se préparait, plus il était populaire et efficace. Reagan ne se déplaçait jamais sans une cohorte de conseillers, d'experts et d'assistants. Cela agaçait profondément Thatcher qui voyageait en petit comité et discutait elle-même de tous les sujets, surtout avec d'autres chefs d'Etat. Reagan, en se rendant à un sommet à Moscou, lisait dans l'avion un thriller sur une guerre entre les Nations unies et l'Union soviétique, « pour se mettre dans le bain ».

Margaret adorait Ronnie. Il était grand, décontracté, et il lui faisait confiance ; mais elle n'était pas dupe. Elle doutait même de ses facultés. Une fois, elle lâcha : « Le pauvre vieux, il n'a rien entre les oreilles. » Elle n'était absolument pas son « caniche », ce dont l'accusaient la presse et l'opposition (même s'il est vrai que, par la force des choses, l'Angleterre entretenait des rapports de clientèle avec les Etats-Unis). En fait, elle le traitait souvent comme un jeune garçon naïf à qui il fallait faire la leçon. « Si seulement il avait une aussi bonne mémoire pour les faits que pour les blagues », se plaignait-on à Londres.

Au fur et à mesure que les années passèrent, Margaret prit de plus en plus de libertés vis-à-vis de Reagan. Ne le trouvant pas très intelligent, elle pensait qu'il fallait d'une part le « surveiller » et d'autre part le « protéger ». Lorsque les Etats-Unis annoncèrent qu'ils ne délivreraient plus de licences aux sociétés américaines qui participaient à la construction d'un immense pipe-line de gaz naturel entre la Sibérie et l'Europe de l'Ouest, Thatcher crut qu'il était devenu fou : pour l'Europe, c'était un projet vital qui permettrait de satisfaire 30 % des besoins du continent en gaz, et créerait des dizaines de milliers d'emplois. Le projet avait mis 5 ans à être négocié et Reagan le réduisait à néant, pour « punir » les Soviétiques de l'instauration de l'état de guerre et de la proclamation de la loi martiale en Pologne en décembre 1981. Quand Thatcher parvint enfin à lui parler, elle s'aperçut qu'il ne savait presque rien sur le pipe-line et surtout qu'il n'avait aucune idée de ce que cela représentait pour l'Europe.

En janvier 1983, sans prévenir Thatcher, Reagan envahit l'île de la Grenade, dont le chef d'Etat – marxiste – venait d'être renversé et remplacé par un conseil révolutionnaire militaire d'ultra-gauche : un millier d'Américains résidaient dans l'Ile. Lorsque Thatcher apprit l'invasion, elle se mit en rage. Elle appela Reagan et hurla au téléphone, si fort qu'il dut tenir l'appareil à une certaine distance de son oreille : la Grande-Bretagne avait été laissée de côté. Personne n'avait informé la reine, chef d'Etat de la Grenade. L'invasion était illégale. Comment les

Etats-Unis pouvaient-ils justifier une telle action ? Ce genre de comportement était très mauvais pour la position morale de l'Occident, etc. Reagan, apparemment, adorait cela. Il raccrocha, se tourna vers ses conseillers et dit : « Elle a été superbe. »

*
* *

En mars 1982, l'attention du monde entier se tourna vers un archipel inconnu de l'Atlantique du Sud, habité par 1 800 personnes et 600 000 moutons : les Malouines. Ces îles (*Falklands* en anglais) se trouvaient sous souveraineté britannique depuis cent cinquante ans, l'Angleterre en ayant alors dépossédé l'Argentine. Depuis les années soixante, les gouvernements britanniques successifs considéraient les Malouines comme une gêne et une anomalie, et des négociations pour les restituer à l'Argentine étaient en cours. Le problème, c'était les habitants : d'origine britannique, parlant l'anglais, ils n'avaient aucune envie d'être quoi que ce soit d'autre que Britanniques.

Le chef d'Etat argentin, le général Galtieri, se débattait avec une inflation de 130 % et le taux de chômage le plus élevé depuis 1945. Son régime était l'un des plus sanglants d'Amérique latine, qui en avait pourtant vu d'autres : des milliers de citoyens torturés et disparus. Le 19 mars, des soldats argentins habillés en civil débarquèrent sur la petite île de South Georgia et hissèrent le drapeau argentin. Au même moment, à Buenos Aires, 6 000 Argentins manifestaient dans les rues contre le nouveau programme économique. Deux semaines plus tard, lorsque 2 500 soldats prendraient Port Stanley, la capitale des Malouines, ils seraient des dizaines de milliers à descendre dans la rue pour applaudir le général Galtieri...

Avant l'invasion argentine, lorsqu'on commença à parler des Malouines, 60 % des Britanniques pensaient qu'elles se trouvaient au nord-ouest de l'Ecosse. Dix semaines plus tard, près de 1 000 personnes seraient mortes. Lorsque, le 31 mars, un télégramme arriva annonçant qu'une flotte argentine venait de quitter Buenos Aires en direction des Malouines, Carrington était en voyage à l'étranger, ainsi que le ministre de la Défense aussi, et Thatcher dut se débrouiller toute seule. Elle convoqua l'Amiral en chef, Sir Henry Leach; il lui affirma qu'une flotte pouvait être prête à appareiller pour les Malouines le lundi 5 avril, qu'il serait difficile de mener une guerre à 12 000 kilomètres de distance mais qu'il pensait qu'il était possible de reprendre l'île.

C'était tout ce que Thatcher voulait savoir. Le samedi 2 avril, elle convoqua un débat d'urgence aux Communes pour rédiger un communiqué sur les Malouines : c'était la première fois, depuis l'expédition de Suez, que le Parlement était convoqué un samedi. Avant même cette consultation, une force navale se préparait déjà. Lorsque les Communes apprirent qu'un territoire britannique avait été occupé, la Chambre entière éclata d'indignation patriotique. La droite conservatrice grogna et montra ses dents de « bulldog » anglais tout au long du débat, qui dura trois heures. Le parti travailliste, à quelques exceptions près, était presque aussi enragé. Le leader du parti, Michael Foot, parla du « devoir moral, du devoir politique » d'expulser les Argentins. Il en profita pour critiquer le gouvernement, qui n'avait pas été capable de prévoir et d'empêcher par la voie diplomatique l'invasion des îles. « Il faut que le gouvernement prouve qu'il n'est pas responsable de trahison et qu'il ne peut pas être mis en cause pour cela. » Les conservateurs ne se contenaient plus :

l'honneur britannique avait été sali, il ne fallait surtout pas négocier avec un régime « fasciste, corrompu et cruel ». Bizarrement, Thatcher fut, ce jour-là, une des voix les plus modérées. C'est qu'elle avait eu, elle, le temps de peser le pour et le contre, et de se rendre compte des risques lors de ses réunions avec les chefs d'Etat-major. Et la responsabilité de la décision finale lui incomberait. Ce qui est sûr, c'est que, si elle n'avait pas envoyé des troupes, elle et son gouvernement seraient tombés.

La Grande-Bretagne décréta une zone d'exclusion de 250 miles autour des Malouines et le lendemain, Carrington démissionna – c'était la « faute » du Foreign Office si on en était arrivé là. Il fallait un bouc émissaire. Thatcher, qui l'aimait bien et comptait sur ses conseils, essaya de le garder, mais en vain. Il fut remplacé par Francis Pym, que Thatcher avait évincé de son cabinet quelques mois auparavant. C'était un choix dicté par les événements, car Pym était sans doute son plus sérieux rival à l'époque. Thatcher n'avait jamais aimé Pym qui le lui rendait bien. Il était pour elle le *wet* typique. Il n'était pas d'accord avec sa politique économique mais, politicien expérimenté et habile, il ne faisait pas entendre sa désapprobation tout haut, se contentant de la murmurer dans les couloirs. Comportement honteux pour Thatcher, qui ne croyait qu'en la vertu de l'affrontement, ce jeu dangereux qu'elle avait tendance à gagner. Si Thatcher tombait à cause des Malouines, la personne qui avait le plus de chances de lui succéder était Pym. Tout cela ne contribua guère à détendre l'atmosphère.

Alexander Haig, secrétaire d'Etat américain, a décrit la suite des événements en des termes assez grandiloquents : « Dans un réveil de l'esprit du Blitz qui avait animé la Grande-Bretagne, des navires de guerre furent retirés de l'OTAN, des bateaux civils, dont le paquebot *Queen Elizabeth II*, furent réquisitionnés et équipés, les troupes furent embarquées et, en un temps record, un détachement spécial de 1 000 bateaux et 20 000 hommes fondait, sous pavillon britannique, vers les Falklands ».

Haig proposa de jouer les intermédiaires et, pendant que la flotte argentine approchait des îles, il fit, sans arrêt, la navette entre Londres et Buenos Aires, mais sa mission échoua. Ni Galtieri, ni Thatcher n'étaient d'humeur à négocier. Les Argentins prirent Port Stanley et envahirent l'île. Vers la fin du conflit, il y avait sur place 10.000 soldats argentins.

Les porte-avions *Invincible* et *Hermes* appareillèrent sous les encouragements de centaines de badauds britanniques. Le deuxième fils de la reine, Andrew, était pilote d'hélicoptère sur l'un des bateaux, ce qui augmentait la pression sur Margaret Thatcher, qui aurait pour le moins encouru des reproches s'il lui était arrivé quoi que ce soit. Une fois en mer, les deux porte-avions furent rejoints par une vingtaine d'autres navires de guerre. Il leur faudrait trois semaines pour arriver aux Malouines. Quatre sous-marins nucléaires faisaient également route vers les îles. « L'heure est à la force et à la résolution », disait Thatcher. Ce que les chefs de l'état-major anglais redoutaient le plus, c'était l'arrivée de l'hiver dans cette partie de l'hémisphère sud, avec ses vents glacés et ses mers démontées.

Le 2 mai, le *Général Belgrano*, un croiseur argentin, se trouvait près de l'*Invincible* et de l'*Hermes*, et donc de la zone d'exclusion. Margaret Thatcher convoqua le cabinet de guerre et, à l'issue de la réunion, donna l'ordre au sous-marin *Conqueror* d'ouvrir le feu sur le *Belgrano* : il y eut 368 morts. La nouvelle choqua presque autant les Anglais que les Argentins. Deux jours plus tard, les Argentins ripostèrent : le *Sheffield*, qui protégeait les porte-avions anglais, fut touché par un missile *Exocet*. Il y eut vingt morts et de nombreux blessés graves. Avant que les Anglais ne coulent le *Belgrano*, la plupart des pays européens de la C.E.E. avaient soutenu Thatcher en imposant des sanctions à l'Argentine. Tout d'un coup, le ton changea ; on commença à désapprouver l'action de Thatcher. Il changea également aux Communes. Michael Foot, leader travailliste, condamnait haut et fort les initiatives de Margaret Thatcher. Callaghan tonnait : « On pourrait perdre plus de vies argentines et anglaises qu'il n'y en a sur l'île. » (En fin de compte, il y eut près de 1 000 morts et 1 700 blessés, soit à peu près l'équivalent de la population des Malouines).

L'archevêque de Canterbury, Robert Runcie, mit en garde le gouvernement contre plus de pertes en vies humaines, ce qui déclencha une longue série de tensions entre l'Eglise anglicane et Margaret Thatcher, qui ne lui pardonna jamais son « manque de solidarité ». Margaret était rancunière. Elle n'oublie jamais une humiliation. La B.B.C. provoqua également son courroux, en commentant la guerre de la manière la moins partisane possible – attitude qui lui vaut en partie sa réputation. Thatcher fut furieuse lorsque la B.B.C. diffusa des interviews de veuves de guerre argentines. Ses efforts ultérieurs pour restreindre la liberté de la B.B.C. trouvent leur origine dans cette période, où elle considérait que tout discours qui n'était pas nationaliste ou patriotique était une trahison.

Après les naufrages du *Belgrano* et du *Sheffield*, les Communes et la pression internationale forcèrent Thatcher à négocier. « Il est illusoire de croire que le reste du monde – même nos alliés américains – considère cette dispute autour d'un endroit insignifiant appartenant à un ex-empire comme un événement du même ordre que l'invasion nazie de la Pologne », devait dire le commentateur politique Peter Jenkins.

Pendant trois semaines, le secrétaire général des Nations unies, Javier Perez de Cuelar, essaya de réconcilier les adversaires, mais rien n'y fit. Au grand soulagement de Thatcher, ce fut l'Argentine qui finalement rompit les négociations. Le cabinet de guerre formé par Thatcher comptait quatre politiciens : Whitelaw, Pym, Nott et Parkinson, ainsi qu'un représentant des forces armées, l'Amiral de la flotte et chef de la défense, Sir Terence Lewin.

Whitelaw et Parkinson se relayèrent pour préparer Thatcher à la guerre et à ses conséquences. Whitelaw, qui avait combattu pendant la dernière guerre, essaya de la prévenir qu'il y aurait des pertes, des morts et des blessés, que ce serait laid, que la victoire ne serait pas sans douleur. En dépit de cette préparation psychologique, Margaret fut choquée par les pertes de « jeunes vies anglaises », et par le danger qu'avait couru la flotte. Elle ne chercha pas à cacher son émotion, ni ses larmes. Mais elle ne fléchit pas pour autant.

Le cabinet de guerre reculait encore devant l'assaut décisif pour reprendre les Malouines. Lewin y était favorable, mais les politiciens tergiversaient : il y avait beaucoup d'incertitudes, les conditions climatiques, les risques pour les navires de guerre et les éventuelles réactions des soldats argentins. Hugo Young rapporte un propos qui lui fut tenu après une réunion du cabinet de guerre : « On ne sait pas s'ils combattront, il n'y a pas de précédent. Ils sont moitié espagnols, moitiés italiens. A mon avis, si c'est la moitié espagnole qui gagne, ils se battront, si c'est l'italienne, non ». Le 21 mai, les troupes anglaises prirent d'assaut Port Stanley, au cours d'une bataille féroce. Après la reddition des Argentins, Margaret Thatcher déclara en quittant le 10 Downing Street : « Nous ne sommes plus une nation en retrait : la Grande-Bretagne s'est retrouvée dans l'Atlantique sud et ne reviendra pas sur sa victoire. » Elle était devenue une héroïne. Elle avait mené son pays à la guerre et n'avait pas flanché. Elle possédait maintenant une confiance illimitée en elle-même, doublée de la confiance dont le pays la gratifiait. Son taux de popularité atteignit les 76 %. Elle prononça un série de discours triomphalistes, dans lesquels elle mêlait sa politique économique, qui commençait à donner des résultats, et la « victoire » militaire.

« Nous avons repris confiance en nous-mêmes. Cette confiance est née de la lutte économique ici et a été testée avec succès à 12 000 kilomètres de distance. Le climat avait changé dans le pays. Les Anglais se sentaient à nouveau capables d'agir, de conquérir. En 1983, 33 % des électeurs de la classe ouvrière et de la petite-bourgeoisie changèrent leurs habitudes politiques en votant pour elle, en dépit du chômage, des lois anti-syndicales, des réductions des dépenses de l'Etat. Juste avant la guerre des Malouines, des signes semblaient indiquer que l'économie britannique reprenait de la vigueur. L'inflation tomba de 12 à 6 %, le déficit budgétaire diminua, et la balance commerciale redevint positive.

Les Britanniques relevaient la tête. Après des années de prédictions pessimistes, le pays avait un grand besoin psychologique de réussite. Il fallait que la série des ratages, des humiliations s'arrête, il fallait démontrer que les Britanniques pouvaient faire quelque chose, et le faire bien. L'Angleterre était de retour.

CHAPITRE 7

Grantham au pouvoir

« Moi je suis pour que nous soyons d'accord;
d'accord pour faire ce que je veux. »
MARGARET THATCHER

Le 9 juin 1983, Thatcher gagna les élections pour la deuxième fois, avec une majorité de 144 sièges. Après avoir consulté son entourage, elle avait décidé de profiter de « l'effet Falklands » (qui devenait rapidement « l'effet Thatcher ») et du désarroi de l'opposition pour convoquer des élections anticipées. Les travaillistes avaient publié leur manifeste, qu'un membre du gouvernement fantôme avait intitulé « la plus longue lettre de suicide de l'histoire ». En pourcentages, les conservateurs n'avaient pas la majorité, ce qui leur fut reproché pendant les années suivantes : ils avaient obtenu 42 % des votes (397 sièges), les travaillistes 28 % (209 sièges) et l'alliance du S.D.P. et des libéraux 25 % des votes (22 sièges). Les élections de juin 1983 marquèrent la poursuite de la croisade thatchérienne.

Elle pourrait désormais faire ce qu'elle voulait, et elle se mit immédiatement au travail. Elle commença par modifier la composition du cabinet. Plus de vieille garde, plus de ministres du temps de Heath. « Il n'est pas des nôtres », devint la formule de condamnation sans appel. Thatcher opéra plus de soixante changements de poste dans son gouvernement, dont douze parmi les membres du cabinet, qu'elle purgea des *wets* : Francis Pym fut le premier à partir, au lendemain de l'élection.

Thatcher n'ignorait pas qu'elle avait encore du travail devant elle. Elle n'avait ni endigué le déclin de la nation, ni changé les mentalités. Pour arriver à ses fins, il faudrait, selon elle, une transformation radicale des comportements, une *révolution morale* : redonner à chacun un sens profond de la responsabilité individuelle. Elle croyait de tout son être à la solution ultra-libérale et était bien décidée à mettre en œuvre « sa » révolution. Mais, curieusement, à l'orée de ce deuxième mandat, elle et son gouvernement semblaient indécis quant aux moyens de parachever cette transformation. En effet, pour profiter de « l'effet Falklands », les conservateurs avaient précipité l'élection, et le programme conservateur avait été bâclé. Malgré le triomphalisme des premiers mois, le gouvernement hésitait sur la politique à adopter. « Elle croit que sa propre réélection est la seule chose qui sauvera le pays », grommelait un membre du parti. Seul point concret par rapport au premier mandat, Thatcher avait préparé une réforme des municipalités, bastions traditionnels de la gauche, qu'elle voulait abolir, dans le but de détruire les « forteresses du socialisme ». Au cabinet, elle régnait avec les siens. Nigel Lawson était au Trésor, Léon Brittan au *Home Office* (l'Intérieur) et Geoffrey Howe, *dry* fidèle et obéissant, aux Affaires Etrangères. James Prior, un *wet*, restait aux Affaires Irlandaises – une forme de banissement. Cecil Parkinson, qui avait organisé la campagne électorale avec tant de succès, fut promu au ministère du

Commerce et de l'Industrie. Norman Tebbit, quant à lui, resta, à l'Emploi.

Mais, dès le début, le deuxième mandat fut marqué par le scandale. Etoile montante de l'entourage de Thatcher, Parkinson avait dirigé le *Central Office* pendant la guerre des Malouines, c'est-à-dire qu'il avait assuré la liaison entre le cabinet de guerre et le Parlement. Puis il avait organisé la campagne électorale. Il devait être promu aux Affaires Etrangères, lorsqu'il révéla à Thatcher, le jour de l'élection, qu'il avait un « problème ». Elle jugea plus sage de le nommer au ministère du Commerce et de l'Industrie. Parkinson jouissait de la faveur de Margaret Thatcher, surtout parce qu'il correspondait au genre d'homme qui lui plaisait – et on aurait tort de penser que la Dame de fer était insensible aux hommes. Et la capacité de Margaret à séduire, à charmer fut évidente. Outre Reagan et Gorbatchev, beaucoup de personnalités sont tombées sous son charme – un charme rarement perceptible en public. Mais elle aimait surtout, les hommes qui, tout en respectant son autorité de Premier ministre, la traitaient en femme. Parkinson avait toutes ces qualités : beau, intelligent, *self-made man*, riche, il savait la distraire, la divertir avec des ragots politiques, lui faire des compliments galants, etc.

La maîtresse de Parkinson venait de tomber enceinte. Marié, père de famille, il avait décidé de divorcer et d'épouser sa maîtresse : il pensait que c'était « la chose à faire ». Thatcher, qui pressentait l'orage, réagit spontanément et de manière non politique. « Et Ann ? », (sa femme). En bonne victorienne, elle était persuadée que la chose à faire était de *ne pas* divorcer. « Il ne faut pas briser la famille », insistait-elle. Elle entreprit de convaincre Parkinson de ne pas quitter sa femme et « d'arranger les choses » avec sa maîtresse. Elle fit même appel à Ian Gow, son secrétaire parlementaire privé, qui invita deux fois Parkinson à dîner pour le persuader que son devoir était de rester avec sa femme. Parkinson décida de suivre ses conseils. « Heureusement », soupira-t-elle en apprenant la nouvelle. Les choses en restèrent là pour le moment.

Thatcher a toujours été d'une fidélité totale envers les gens qui se sont montrés loyaux à son égard. Elle a défendu des collaborateurs accusés de cleptomanie ou d'homosexualité. En 1977, un M.P., Fergus Montgomery, fut accusé d'avoir volé deux livres dans une librairie de Londres. Il devait comparaître devant les juges et la presse s'en donnait à cœur joie. Margaret l'appela chez lui pour le convaincre de revenir au Parlement, ce qu'il avait honte de faire. A son arrivée, elle l'accueillit personnellement : « Venez, allons nous promener. » Ils passèrent le reste de l'après-midi à arpenter les couloirs et les salles de Westminster afin que tout le monde puisse les voir ensemble.

Un jour de juillet 1983, Parkinson parlait à la tribune des Communes lorsque, en levant les yeux vers la galerie des visiteurs, il vit avec effroi sa maîtresse Sarah Keays, visiblement enceinte, assise juste derrière sa femme. Il comprit qu'elle avait décidé de provoquer un scandale. Elle fit effectivement de longues révélations au *Times*, et Parkinson dut démissionner. Norman Tebbit, ravi de voir se libérer ce poste qu'il briguait depuis longtemps, prit sa place au Commerce et à l'Industrie.

Au cours de ce deuxième mandat, la discipline du parti à la Chambre des communes se relâcha. C'était le prix à payer par le gouvernement pour sa trop large majorité. Les conservateurs se sentaient tellement sûrs d'eux que la discipline interne ne leur paraissait plus essentielle. Il y eut plusieurs révoltes de *backbenchers*, dont une menée par Francis Pym, qui déclara que, pour certains projets de loi, son groupe se sentait tout à fait en droit de ne pas obéir aux ordres du chef *whip*. Edward Heath, bien sûr, fut un autre agitateur. Il accusait le gouvernement de présenter des projets économiques « naïfs et simplistes » qui « détruisaient le tissu de l'économie ». « Nous pouvons nous permettre de nous soucier des autres ; nous avons toujours pu nous le permettre. » *Maggie dœsn't care* (« Maggie s'en fout ») devint le slogan de tous les opposants du thatchérisme.

Malgré tout, Margaret dominait de plus en plus son gouvernement – aussi bien par sa personnalité qu'en passant outre aux avis du cabinet à chaque fois qu'elle le pouvait. Elle savait utiliser sa personnalité de toutes les façons possibles pour tenir, déstabiliser ou diviser ses troupes : parfois violente, imposante, terrifiante, elle devenait subitement naturelle, féminine, vulnérable... D'une réunion à l'autre, d'une convocation imprévue à l'annulation soudaine d'un rendez-vous, les hommes autour d'elle ne savaient plus à quel saint se vouer. En raison de son éducation méthodiste, Margaret Thatcher voyait tout en noir et blanc. Elle se fit vite une réputation de terroriste dans son cabinet. Les ministres, élevés en gentlemen, avaient beaucoup de mal à réagir « normalement » aux « savons » du Premier ministre : « On nous a toujours appris qu'il est très malpoli de crier après une femme », disaient, avec désespoir, ces hommes élégants, sortis des « meilleures écoles ».

James Prior, ministre de l'Emploi dans son premier gouvernement, a raconté en quoi consistait le style Thatcher : des confrontations incessantes, un désir constant de défier son interlocuteur, d'avoir raison sur tous les points, même les plus insignifiants, une agressivité permanente. Avoir une réunion avec Madame Thatcher, c'était défendre ce que l'on avait à dire comme si sa vie en dépendait. « Ce n'est pas un style qui unit les gens, surtout quand l'agresseur est une femme et l'agressé un homme », a dit James Prior. « Je dois avouer que je trouvais cela très dur à avaler, et cette forme de chauvinisme mâle fut une de mes faiblesses. »

En 1979, elle avait annoncé que son cabinet serait composé de personnes qui pensaient comme elle : « Je n'ai pas de temps à perdre en désaccords internes ». Effectivement, les désaccords étaient interdits, comme la démission de Michael Heseltine devait le montrer plus tard. Au cabinet, soit on était d'accord avec Margaret Thatcher, soit on démissionnait. Thatcher commençait les réunions du cabinet en exposant son point de vue, à la différence d'autres premiers ministres qui attendaient que chacun ait exprimé son avis avant de se prononcer. Elle s'irritait quand les gens parlaient trop longuement. Si elle n'était pas d'accord avec ce qu'ils disaient, elle les interrompait. Dépourvue de patience et de tact, elle n'hésitait pas à afficher son mépris. « Il arrive un moment où elle ne se contrôle plus. Elle ne peut pas résister à la tentation de lancer des piques à un ministre pendant qu'il parle, sans attendre qu'il ait fini. » Un jour, en 1984, Geoffrey Howe, alors ministre des Affaires Étrangères, lisait depuis quelques minutes un rapport sur la normalisation des relations avec l'Argentine quand Thatcher le coupa : « Geoffrey, je sais ce que tu vas dire. La réponse est : Non ! »

David Howel, converti au thatchérisme, secrétaire à l'Energie dans le premier gouvernement, a décrit, très clairement mais avec une retenue toute britannique, le style des réunions du cabinet. « Lorsque Madame Thatcher parlait de discussions vigoureuses menant à de bonnes décisions, cela m'emplissait d'appréhension parce que, pour moi, discussion vigoureuse est une expression codée signifiant " engueulade ", et je ne considère pas une engueulade comme le meilleur moyen d'arriver à une décision... Je ne pense pas qu'il faille contredire les gens avant même qu'ils aient fini de s'exprimer et si « discussion vigoureuse » veut dire que le gouvernement tout entier doit être dirigé en partant de positions fixées à l'avance, dogmatiques et défendues à coup d'arguments massue, je ne suis pas vraiment certain que ce soit la meilleure manière de faire avancer les choses... Puis, après s'être abondamment plaint, il conclut sur cette phrase délicieuse : " Le Parlement est une maîtresse exigeante, le Premier ministre est une maîtresse exigeante. Croyez-vous que cela soit drôle, toutes ces maîtresses exigeantes ? " »

Margaret Thatcher tenait rarement plus d'une réunion de cabinet par semaine. Elle préférait les petits groupes de travail avec ses conseillers, qui permettaient d'arriver au cabinet en ayant arrêté des décisions. Cette méthode, qui a fait couler beaucoup d'encre, a été appelée *Prime Ministerial Governement* (« gouvernement du Premier ministre »). Un ministre, à qui l'on demandait pourquoi il était sorti si tôt d'une réunion du cabinet, répondit : « Le cabinet ? Oh ! Mais c'est fini tout ça ! Maintenant, *Madame* nous fait un sermon... et moi, j'apprends la moitié des décisions dans le journal. »

Margaret devait prouver qu'elle était plus « macho » que tous ses collègues. Parce que c'était une femme, son agressivité était choquante et les hommes, blessés dans leur amour-propre, se sentaient souvent comme de petits garçons qui se faisaient gronder par une mère sévère. D'ailleurs, son côté maternel a souvent été évoqué par ses ministres et ses collaborateurs. Tard le soir, à Downing

Street, après la dernière réunion, elle leur faisait elle-même à manger après avoir ôté ses chaussures et servi un drink bien serré (elle-même n'aimait que le whisky). Une autre fois, elle interrompit une séance de travail en s'exclamant : « Mon Dieu ! J'ai oublié d'acheter le bacon pour le petit déjeuner de Denis. » « Une des secrétaires peut aller vous le chercher », répondit le *civil servant* avec qui elle travaillait. « Mais non, elle ne saura pas choisir ce qu'il aime. » Elle prit son manteau et sortit, plantant là le haut fonctionnaire ahuri, ses bilans budgétaires à la main. Quelques minutes plus tard, elle revint avec le bacon. « Où en étions-nous ? », dit-elle en se replongeant immédiatement dans les chiffres. Une autre fois encore, en plein milieu d'une réunion de cabinet, elle lança à Nigel Lawson : « Allez donc vous faire couper les cheveux ! » Et tandis que Margaret imposait son « style » à des ministres de plus en plus intimidés, un conflit majeur se tramait dans le pays, qui allait symboliser la cassure entre l'avant et l'après Thatcher.

Juste après l'élection de juin 1983, Michael Foot avait démissionné de son poste de leader du parti travailliste et avait été remplacé par Neil Kinnock, un Gallois de 41 ans, le plus jeune leader que le parti travailliste se fût jamais donné. Kinnock, fils de mineur, homme chaleureux, aimait les bains de foule et détestait les débats parlementaires, qu'il assurait tant bien que mal. Il fut élu pour remettre de l'ordre dans le parti, et le rendre à nouveau capable de battre le parti conservateur. La suite des événements allait démontrer la complexité de la tâche. Pour commencer, le parti travailliste, toujours dominé par son aile gauche, réaffirma son attachement au désarmement nucléaire unilatéral, alors que les sondages montraient que 74 % des Britanniques y étaient opposés. Le lendemain

142

des élections, Thatcher avait prévenu son nouveau secrétaire d'Etat à l'Energie, Peter Walker, qu'un jour prochain le chef du syndicat des mineurs, Arthur Scargill, lancerait un défi au gouvernement. Le 6 mars 1984, la NUM (*National Union of Mineworkers*) décréta la grève. Celle-ci devait durer cinquante-et-une semaines, sceller la défaite des syndicats et bouleverser le climat sociopolitique anglais. Premier dirigeant syndical à savoir utiliser les médias, Scargill fascinait ses adversaires. Vénéré par les jeunes mineurs du Yorkshire, marxiste militant, il dirigeait le syndicat le plus dur, le plus intraitable, le plus antigouvernemental. L'opposition entre le NUM et le gouvernement remontait à l'entre-deux-guerres et venait d'être attisée par la crise des charbonnages provoquée par l'essor des hydrocarbures. Scargill, qui était un pur et dur de la vieille école, ne s'aperçut pas qu'il se lançait dans un combat d'arrière-garde. Il ne se rendit pas compte, non plus, ou bien s'en aperçut trop tard, que le gouvernement s'était discrètement et tranquillement préparé à la confrontation. Pendant qu'Arthur Scargill attendait avec impatience que Thatcher fasse un faux pas, elle avait préparé avec soin son plan de bataille. Elle savait qu'en brisant le mouvement syndical qui avait causé tant de tracas à tous les gouvernements depuis la guerre, elle gagnerait une grande partie de sa croisade morale contre « les maux du collectivisme ».

En 1980, elle avait proposé à Ian McGregor, un homme d'affaires anglais qui avait émigré aux Etats-Unis, de reprendre la gestion de la *British Steel*, au bord de la faillite. Le salaire qui lui avait été proposé (par le gouvernement) avait causé un mini-scandale, mais Thatcher avait insisté, et McGregor avait réussi à redresser la situation de *British Steel*.

143

Thatcher souhaitait lui confier à présent le problème du charbon. Elle savait que Scargill n'attendait que la nomination et les décisions « dures » que McGregor annonça inévitablement (fermetures de mines, licenciements, etc.) pour entrer en action : 140 000 mineurs se mirent immédiatement en grève, des affrontements d'une grande violence éclatèrent entre la police et les grévistes. En juillet, la situation s'aggrava et la livre se mit à baisser. Les élus et les *wets* du parti commencèrent à exercer de fortes pressions sur Thatcher pour l'amener à négocier, seul moyen d'arrêter le conflit. Mais Thatcher n'avait pas la moindre intention de négocier. Elle était repartie en guerre : « Nous avons combattu un ennemi extérieur aux Falklands. Nous devons nous tenir sur nos gardes face à l'ennemi intérieur, bien plus difficile à combattre et bien plus dangereux pour la liberté. » Thatcher et son gouvernement étaient prêts : ils avaient accumulé des réserves de charbon suffisantes pour l'hiver, même s'il était sévère et, cette fois-ci, la police avait été préparée. « S'il n'y avait pas eu les émeutes de Brixton et Toxteth, je ne suis pas sûr que nous aurions pu faire face à Scargill », devait dire plus tard William Whitelaw.

Ce fut un rude hiver. Batailles rangées entre les policiers et piquets de grève devant les mines : 40 000 mineurs voulaient continuer à travailler, et Thatcher en profitait pour défendre la « liberté du choix », parler d' « atteintes à la liberté », et de « l'absence de démocratie dans les syndicats », etc. De son côté, Scargill espérait que la police irait trop loin et que la classe ouvrière tout entière se révolterait ; il vivait dans un autre monde. Peut-être les dirigeants syndicaux auraient-ils été prêts à l'aider, mais la base, elle, ne l'était pas. Beaucoup de personnes à qui l'on demandait de soutenir les grévistes étaient elles-mêmes au chômage à cause de l'intransigeance corporatiste de Scargill : pour empêcher la fermeture des mines, il avait négocié l'utilisation prioritaire du charbon, au détriment du pétrole ou du nucléaire.

Pendant toute la durée de la grève, de 1984 à 1985, le charbon continua à être livré, en grande partie parce que le syndicat des transporteurs ne s'y opposa pas, alors même que la direction déclarait soutenir l'action de Scargill. Une flottille de camionnettes privées sillonnait le pays, amenant du charbon partout où il en fallait.

Les mineurs occupent une place particulière dans la mythologie du mouvement travailliste, et tout ce qui les concerne a toujours été chargé d'émotion en Grande-Bretagne. Eux-mêmes se voyaient comme les derniers combattants contre le capitalisme et les défenseurs d'un mode de vie, d'un héritage qui leur avait été transmis. Mais la violence des bagarres, sans cesse retransmises par la télévision, donna à leur mouvement un air insurrectionnel et, comme le montraient les sondages, la plupart des Britanniques se sentaient solidaires de la police parce qu'elle permettait aux mineurs qui voulaient travailler d'entrer dans les mines, même lorsqu'en juin 1984 la police montée chargea dix mille grévistes.

La grève dura près de 13 mois. En mars 1985, la NUM y mit fin – en n'ayant rien obtenu. Margaret Thatcher pavoisa : elle avait « démontré » que les syndicats ne dirigeaient plus le pays, et sa popularité fit un bond spectaculaire. Et cela coïncida avec une mutation sociale plus profonde : – les vieilles industries, fortement syndiquées, étaient remplacées par des entreprises high-tech dont les employés, plus jeunes, plus éduqués que leurs parents, ne s'intéressaient pas aux discours sur la lutte des classes ou la solidarité. Au contraire, ils représentaient une nouvelle génération, plus sensible aux valeurs du thatchérisme.

La lutte des mineurs n'émut pas plus Thatcher que les émeutes de Brixton et de Toxteth. Pas un mot, pas un geste de compréhension, ni pour les mineurs ni pour leurs familles, pas le moindre signe de reconnaissance du rôle que les mineurs avaient joué dans le pays, pas une phrase qui eût montré qu'elle n'était pas indifférente à leur attachement à une culture qui prenait pourtant ses racines dans l'ère victorienne, comme la sienne. Au contraire, elle ne cessa de leur jeter à la figure sa propre morale, car Margaret Thatcher, à la différence de nombre de ses collègues aristocrates ou aisés du parti conservateur, ne ressentait aucune culpabilité de classe.

Pour le parti travailliste, le coup fut dur à encaisser. Il perdit encore du prestige, d'autant qu'il avait cultivé l'ambiguïté au cours de la grève. Kinnock ne pouvait entièrement se désolidariser de Scargill ni de ce qu'il représentait, mais il était en même temps très critique vis-à-vis de ses méthodes. « A lui seul, il a détruit l'industrie du charbon », dit-il en privé. Et le parti travailliste déplorait la violence fratricide entre mineurs grévistes et non-grévistes.

En octobre 1984, se tint à Brighton la conférence annuelle du parti conservateur. Dans la nuit du 11 au 12 octobre 1984, Margaret était dans le Grand Hôtel en train de travailler avec Millar sur son discours du lendemain. Elle avait fini, et Ronald Millar prit congé. Il était presque trois heures du matin, et elle se dirigeait vers la salle de bains quand son secrétaire particulier lui dit : « Je sais que vous êtes fatiguée, mais il y a encore un dossier que j'aimerais que vous regardiez. » « Ne dites jamais " je ne peux pas " », répétait Alf Roberts. Margaret se rassit et commença à lire le dossier. Ce soir-là, les préceptes d'Alf lui sauvèrent la vie. A cet instant, en effet, une bombe explosa, détruisant plusieurs étages de l'hôtel, mais elle rata de quelques mètres sa cible, Margaret Thatcher : la salle de bains n'existait plus. Thatcher resta dans le noir avec Millar, qui avait réussi à la rejoindre. Quelques instants plus tard, un policier la jeta presque dans la chambre à coucher, où Denis, qui était un sacré dormeur, poursuivait sa nuit. La police leur donna l'ordre de rester dans la chambre : elle craignait un deuxième attentat. Thatcher avait toujours eu horreur du noir. Le noir la paniquait et cette nuit-là elle jura de ne jamais plus se trouver sans lumière. A partir de ce moment-là, elle se déplaça toujours avec une lampe de poche dans son sac.

Lorsque les agents de la sécurité arrivèrent pour évacuer l'hôtel, Thatcher s'était changée et avait mis des boucles d'oreilles. « La conférence aura lieu à l'heure prévue », annonça-t-elle en sortant. Elle ne savait pas encore que cinq personnes avaient été tuées, et que Norman Tebbit, son ministre du Commerce, et John Wakeman, son chef *whip*, étaient grièvement blessés. La femme de Tebbit resterait paralysée à la suite de l'attentat.

Neuf heures plus tard, l'IRA revendiquait l'attentat dans un communiqué. « Thatcher comprendra maintenant que la Grande-Bretagne ne peut pas occuper notre territoire, torturer nos prisonniers, mitrailler nos gens dans la rue et s'en tirer à bon compte. Aujourd'hui, nous n'avons pas eu de chance. Mais souvenez-vous, il nous suffit d'avoir de la chance une seule fois. Vous, vous en avez besoin à chaque fois. »

Margaret se montra d'un calme et d'un sang froid étonnants, arrivant à la conférence le lendemain sans un cheveu décoiffé. « C'est une tentative de destruction du Parlement démocratiquement élu de sa Majesté », dit-elle d'une voix assurée. L'explosion aurait pu anéantir le gouvernement anglais. L'assassinat d'Airey Neave puis l'attentat de Brighton attisèrent la haine que Thatcher vouait à l'IRA et à toute forme de terrorisme et renforcèrent sa détermination de ne jamais céder aux « assassins ». Et pourtant, c'est le gouvernement Thatcher qui signa, le 15 novembre 1985, avec la République d'Irlande, l'accord de Hillsborough, véritable tournant dans la politique britannique envers l'Irlande du Nord. Par cet accord, Thatcher mit un terme au veto que les protestants nord-irlandais opposaient à toute réforme. L'accord réaffirmait l'idée que tout changement en Irlande du Nord devait être décidé majoritairement, admettait le principe d'une dévolution, et la Grande-Bretagne acceptait, pour la première fois, que le gouvernement de la République d'Irlande ait son mot à dire dans l'administration de l'Ulster. Bien sûr, les protestants d'Irlande du Nord prirent l'accord comme un affront. « On nous écarte, et les gens ici ont le sentiment d'avoir été trahis ». Pendant des années, les unionistes essayèrent de faire changer d'avis Thatcher, mais là non plus, elle ne plia pas.

*
* *

A partir de janvier 1986, les dissensions internes du parti conservateur commencèrent à prendre des proportions inquiétantes et à tourner au scandale, ce qui devait se produire de plus en plus souvent jusqu'au « complot » final contre Thatcher.

L'affaire Westland marqua le début d'une série de désaccords. A l'origine, il s'agissait de la vente d'une société, la Westland Corporation, seul fabricant britannique d'hélicoptères. Thatcher et Leon Brittan, son secrétaire d'Etat pour le Commerce et l'Industrie, voulaient accepter l'offre d'une société américaine dont la filiale spécialisée dans les hélicoptères, Sikorsky, deviendrait actionnaire minoritaire de Westland. Michael Heseltine, ministre de la Défense, avait quant à lui d'autres projets : il voulait que Westland soit reprise par un consortium européen.

Thatcher favorisait les Américains par goût, mais en outre elle n'avait pas vraiment confiance en Heseltine. Heseltine était certes un *self-made man* millionnaire, mais c'était le pouvoir qui l'intéressait avant tout, ce qui faisait de lui un sérieux rival. « Michael », disait Thatcher, « n'est pas des nôtres ». En effet, outre ses positions farouchement pro-européennes, Heseltine avait une attitude politique bien plus « paternaliste » et « consensuelle » que Thatcher, dans la bonne vieille tradition Tory.

Le vendredi 9 décembre 1986, le cabinet se réunit pour débattre de l'affaire Westland. Le président de Westland était présent, chose inhabituelle. Il encouragea le gouvernement à laisser le conseil d'administration prendre la décision, précisément ce que souhaitait Thatcher, car elle savait que le conseil penchait pour la solution américaine. Heseltine défendit l'idée d'un consortium européen. On lui accorda une semaine pour présenter un dossier complet. Heseltine quitta la réunion en pensant que l'affaire serait débattue de nouveau le vendredi suivant. Mais quand le cabinet se réunit le jeudi suivant, il découvrit avec fureur qu'aucune réunion n'était prévue le lendemain, ni aucun autre jour, pour rediscuter de l'affaire Westland. Hors de lui, il exigea que sa protestation fût enregistrée dans les minutes du cabinet. Elle ne le fut pas.

Le lendemain, le conseil d'administration de Westland rejetait la proposition européenne. Heseltine eut alors recours à un procédé inhabituel en Angleterre : les fuites en direction de la presse. Bien évidemment, cela mit le gouvernement dans l'embarras. A partir de ce moment-là, Heseltine et Leon Brittan se livrèrent à une guerre de fuites et d'accusations mutuelles, dont la Chambre des Communes se fit l'écho en demandant la démission de Brittan, accusé d'avoir fait pression sur la compagnie British Aerospace pour qu'elle se retire du consortium européen.

En fin de compte, Leon Brittan fut soupçonné d'avoir donné son accord pour que soit remise à la presse la lettre d'un conseiller du gouvernement, Sir Patrick Mayhew – lettre qui parlait d'« inexactitudes matérielles » dans le rapport de Heseltine à la banque Lloyds (qui représentait le consortium), rapport que Heseltine lui-même avait procuré au *Times* quelques jours auparavant.

Le jeudi 9 janvier, le cabinet se réunit comme d'habitude. Le complot était prêt. Le Premier ministre demanda innocemment à Leon Brittan de bien vouloir résumer les questions d'actualité. Brittan résuma l'affaire Westland, au grand énervement de Heseltine, qui trouvait sa version injuste. Margaret attendait ce moment : pour éviter ce genre de situation, annonça-t-elle, à l'avenir, toute déclaration concernant l'affaire Westland devrait être déposée pour approbation au bureau du cabinet.

L'effet sur Heseltine fut foudroyant. Il se leva d'un coup, ramassa ses papiers et dit : « Je ne puis continuer à être membre de ce cabinet. » Il quitta la salle, sortit du n° 10 et annonça devant les caméras : « J'ai démissionné du cabinet. Je ferai une déclaration tout à l'heure. »

Thatcher était-elle au courant des fuites organisées par

Brittan? Tout le débat qui eut lieu aux Communes après la démission de Brittan tournait autour de cette question. « Le Premier ministre est mis en accusation », dit Kinnock : « Si elle ne nous dit pas la vérité, il faut qu'elle s'en aille. » Mais Brittan et Heseltine défendirent Thatcher. Ce n'était pas le moment de faire tomber le gouvernement, et Kinnock lui-même ne sut pas tirer parti de ce moment de faiblesse évidente. En définitive, l'affaire Westland avait mis en lumière et en question le style de Thatcher : manipulait-elle ou non le gouvernement? La démission spectaculaire de Heseltine déstabilisa le gouvernement, et l'affaire Westland démoralisa le cabinet. Le pays aussi reçut un choc : la Dame de fer était-elle moins « entière » qu'elle ne le prétendait?

Quelque temps plus tard, Nigel Lawson annonçait un budget tout à fait exceptionnel : il avait quatre milliards de livres en trop dans ses caisses. Le gouvernement pouvait de nouveau réduire les impôts et les emprunts d'Etat, et abaisser les taux d'intérêt. Il fit passer les impôts sur les salaires les plus bas de 29 % à 27 % et baissa également les impôts pour les personnes âgées et les petites sociétés. La bourse de Londres s'envola. Chez les conservateurs, c'était l'euphorie. Margaret exultait.

Après deux mandats, quel était le bilan réel de huit années de « thatchérisme »? D'abord, le développement économique : il y avait eu un net progrès entre le premier et le deuxième mandat. La Grande-Bretagne avait été durement touchée par la récession mondiale du début des années quatre-vingts. Le PNB était tombé de 4,2 % entre 1979 et 1982. La production industrielle avait chuté de 10,2 % et la production des biens de 17,3 % entre mai 1979 et février 1983. Mais au cours du deuxième mandat, l'économie se développa rapidement, avec une croissance moyenne de 3 % par an entre 1983 et 1986, un bon chiffre à la fois dans l'absolu et comparativement : pendant ces années, l'économie britannique se développa plus vite que celle du Japon, de l'Allemagne Fédérale ou de la France.

L'inflation, ennemi numéro un des économistes thatchériens, passa de 13,4 % en 1979 à 3,4 % en 1986. Néanmoins, en termes comparatifs, cette performance n'était pas extraordinaire. D'autres grands pays industriels avaient réussi à juguler l'inflation, certains avec bien plus de succès que la Grande-Bretagne, et ils l'avaient fait sans augmenter le chômage et sans faire baisser la productivité comme en Grande-Bretagne. Car l'action du gouvernement Thatcher contre le chômage fut, en revanche, très décevante sur tous les points. Le chômage augmenta rapidement pendant la récession et continua de progresser au cours des années quatre-vingts, alors que l'économie allait mieux. En janvier 1986, il y avait 3,4 millions de chômeurs. Le taux de chômage britannique resta le plus élevé des pays industriels. C'était un terrain de désaccords profonds entre le gouvernement et ses critiques : le gouvernement mettait en cause les erreurs du passé (hausses de salaires excessives, excès de main d'œuvre); ses détracteurs, les erreurs de jugement du thatchérisme.

Le gouvernement avait annoncé qu'il se débarrasserait de l'inflation par un contrôle strict de la quantité de monnaie. L'inflation avait effectivement diminué, mais rien ne permettait de démontrer que cela avait été le fruit de la politique monétariste. D'ailleurs, le programme monétariste tel qu'il avait été défini par le *Center for Policy Studies* dans les années soixante-dix fut discrètement abandonné durant le deuxième mandat. Au moment du vote du budget de 1986, la politique économique du gouvernement s'appuyait davantage sur le taux de change que sur le contrôle monétaire pour équilibrer l'économie.

En même temps, le gouvernement n'avait guère réussi à atteindre ses objectifs de réduction des dépenses publiques. En valeur réelle, les dépenses d'Etat augmentèrent de 7 %. Le problème principal était d'arriver à contrôler les dépenses de sécurité sociale qui pesaient lourdement sur les dépenses totales : en période de chômage, alors que le nombre de pauvres et de retraités avait augmenté de 33 %, il était illusoire d'imaginer que l'on pourrait réduire les dépenses de sécurité sociale. Pourtant, mis à part la sécurité sociale, la police et la défense, il y avait bien eu des diminutions des dépenses publiques dans les années 80. L'endettement public, par contre, demeura élevé pendant les deux mandats. Le gouvernement avait prévu de le ramener à 2 milliards et demi de livres en 1983-84, mais en 1986, il était toujours de 4 milliards.

De 1979 à 1987, le gouvernement atteignit et même dépassa ses prévisions en matière de privatisation et de vente des HLM. Le programme des privatisations avait démarré lentement au cours du premier mandat, et s'était accéléré durant le second : en 1989, des sociétés majeures telles que British Telecom, British Gas, les voitures Jaguar et British Airways avaient toutes été privatisées. La vente des HLM commença dès le début du premier mandat. Les locataires d'HLM eurent le droit d'acheter leur logement. Si les locataires se voyaient dans l'impossibilité de l'acheter leur logement en une seule fois, ils pouvaient, contre 100 livres, conserver leur droit d'acheter au prix d'origine pendant deux ans. Cette loi révolutionnaire permettait aux plus défavorisés d'accéder à la propriété. L'achat des logements sociaux par leurs occupants fut un énorme succès. De 1979 à 1986, un million de logements furent vendus à leurs locataires. Les travaillistes résistèrent violemment au début, déclarant qu'ils arrêteraient les ventes et rachèteraient les logements déjà vendus s'ils revenaient au pouvoir. En 1987, devant le succès populaire des ventes de HLM, les travaillistes firent marche arrière : sous un gouvernement travailliste, les locataires de HLM conserveraient le droit d'acheter leur logement.

Dans son discours du budget de mars 1986, Nigel Lawson avait déclaré : « L'ambition à long terme de ce gouvernement est de faire du peuple britannique une nation d'actionnaires et de créer un capitalisme populaire par l'intéressement personnel et direct de plus en plus d'hommes et de femmes au monde des affaires et à l'industrie britanniques. » La proportion des actionnaires en Grande-Bretagne était passée de 5 % en 1980 à 20 % en 1987. 45 % des nouveaux actionnaires étaient des employés et des ouvriers, 23 % des travailleurs manuels, ce qui eut des conséquences électorales non négligeables : en juin 1987, un électeur sur cinq détenait des actions. Quant à la limitation du pouvoir des syndicats, dernier volet important du programme thatchérien de 1979, trois lois parlementaires (1980, 1982 et 1984) interdirent les piquets de solidarité, abolirent l'immunité pénale des syndicats, imposèrent le vote secret au sein des syndicats. En somme, les objectifs politiques que Thatcher s'était fixés ne furent pas tous réalisés lors de ses deux premiers mandats, loin s'en faut. Mais une rupture radicale avait eu lieu avec ce que l'on a appelé le « consensus d'après guerre ».

Sur le plan international, Margaret n'avait pas chômé. Si elle adorait « Ronnie » tout en ne le trouvant pas très intelligent, sa rencontre avec Mikhaël Gorbatchev fut tout aussi importante, et leur relation très différente. Il faut reconnaître que Thatcher, si caricaturalement anti-soviétique, fut l'une des premières à comprendre les potentialités du père de la perestroïka. Leur première rencontre eut lieu à Londres, alors qu'il n'était encore que membre du Politburo sous Tchernenko. Le courant passa immédiatement entre eux : Margaret, contrairement au protocole, l'invita dans la vaste maison de campagne du premier ministre, Chequers, et là, avec seulement deux interprètes et deux sténographes, ils parlèrent à bâtons rompus pendant des heures. Tous les deux étaient des « bosseurs ». Tous les deux disaient ce qu'ils pensaient ; c'étaient des « politiciens de conviction ». Ni l'un ni l'autre n'avait peur de la discussion. Lors de leurs rencontres, qui duraient des heures entières, ils s'absorbaient totalement dans leur conversation. Chris Ogden rapporte qu'il leur arrivait de se disputer si fort qu'ils se hurlaient dessus, à quelques centimètres l'un de l'autre. A d'autres moments, ils riaient beaucoup. Ce jour-là, à Chequers, Margaret remarqua que, contrairement à Reagan et à d'autres chefs d'Etat, Gorbatchev n'avait pas besoin d'assistants : il menait lui-même ses discussions, à partir d'un petit carnet de fiches tenues ensemble par un élastique, et prenait lui-même des notes de temps en temps. Curieuse, elle jeta un coup d'œil sur ses fiches : une écriture serrée, des notes soulignées avec un crayon gras ou cerclées d'un trait. C'était un indépendant, un outsider, comme elle. Elle eut très vite beaucoup de respect pour son intelligence et son courage et il semble que cela ait été réciproque. Jusqu'à sa rencontre avec Gorbatchev, Thatcher avait eu peu de contacts avec les Soviétiques – elle avait même interdit à Carrington d'aller en visite à Moscou en 1979 : « Je vous interdis d'aller chez les Rouges », lui avait-elle dit. Quant à son ami Ronald, il appelait carrément l'Union Soviétique, « l'Empire du mal », comme dans un jeu vidéo.

Margaret sortit étonnée de cette première rencontre : « Il est totalement différent de ce qu'est pour nous un communiste typique. En général, ils lisent un texte prêt à l'avance et lorsque vous leur posez des questions, ils ne répondent jamais. Lui n'a pas de texte préparé [...] Nous avons discuté des heures entières [...] ce qui est rafraîchissant, très rafraîchissant. » Plus tard, elle ajouta : « C'est tout à fait exceptionnel de pouvoir discuter si ouvertement avec quelqu'un dès la première rencontre. Mais c'est ce qui s'est produit, immédiatement. » Puis Thatcher eut cette phrase fameuse : « J'aime bien Mikhaël Gorbatchev. Avec lui, on peut faire des affaires. » Trois mois plus tard, en mars 1985, Tchernenko mourait et Gorbatchev devenait secrétaire général.

En mars 1987, juste avant sa troisième campagne électorale, Margaret s'envola pour Moscou, invitée par Gorbatchev. Elle avait bien préparé son voyage : elle avait lu *tous* les discours prononcés par Gorbatchev et les avait annotés. « Ils sont longs », soupirait-elle. Elle débarqua à Moscou avec une suite modeste, comme à son habitude. L'accueil de Gorbatchev fut particulièrement chaleureux, et ils passèrent tout de suite à la discussion. Elle était décidée à le pousser à bout, à dire tout le mal qu'elle pensait de l'Union Soviétique, toute sa méfiance par rapport au désarmement nucléaire. Fidèle à elle-même, elle n'y alla pas par quatre chemins. Il était bien décidé, semble-t-il, à ce que cette visite fût un succès. Margaret fut traitée en star. Il lui consacra treize heures de son temps et lui offrit cinquante minutes non censurées à la télévision soviétique, une faveur sans précédent. Elle fit face, d'une manière remarquable, d'ailleurs, à trois des meilleurs journalistes soviétiques au cours d'une interview où elle montra tout le culot dont elle était capable.

Thatcher, tout au long de leurs entretiens à Moscou,

traita Gorbatchev comme tous les autres : elle le soumit à rude épreuve. « Il y a des moments où je pensais qu'il allait nous mettre dehors », rapporta un assistant britannique, « mais l'un ou l'autre se mettait alors à rire, et la tension baissait. » « Je suis vraiment horrible, n'est-ce pas ? », disait-elle. Elle ne mâchait pas ses mots – « de la propagande débile, le genre de foutaises qu'on lit dans la *Pravda* (...) Pourquoi on ne vous fait pas confiance, M. Gorbatchev ? A cause de la Hongrie, de la Tchécoslovaquie, de l'Afghanistan » (...) et elle continuait, continuait sans relâche. Lui, il lui renvoyait la balle sans sourciller – l'Irlande du Nord, le racisme dans les villes anglaises, trois millions de chômeurs, des milliers de sans-abri...

La première séance de travail, en présence d'interprètes et de secrétaires qui prenaient des notes, commença par un monologue de Gorbatchev long de quatre-vingt minutes, sans notes : il lui décrivit la situation de l'Union Soviétique et la dimension des problèmes auxquels il devait faire face. Le style ne pouvait qu'aller droit au cœur de Margaret : enfin un homme qui, comme elle, était capable de maîtriser totalement les données et les détails fastidieux tout en gardant une vue d'ensemble. Ils sautèrent des repas, reportèrent des rendez-vous tant ils étaient absorbés, fascinés par leurs discussions.

Au cours de ces entretiens, Gorbatchev avoua à Thatcher qu'il avait beaucoup de difficultés avec Reagan, qu'il ne le comprenait pas du tout : il l'avait rencontré deux fois et n'avait vraiment parlé qu'à ses experts, pas à lui. D'ailleurs Reagan ne connaissait même pas les détails de sa propre politique ! Thatcher savait ce que voulait dire Gorbatchev ; elle connaissait bien son

Ronald. Et lorsque Gorbatchev lui demanda si elle voulait bien expliquer son point de vue à Reagan, Thatcher fut ravie et comprit immédiatement le rôle qu'elle pouvait jouer. C'est ainsi que jusqu'à la fin de la présidence de Reagan, Thatcher devint l'intermédiaire entre les deux super-puissances.

CHAPITRE 8

« Quel drôle de monde »

« Deux nations entre lesquelles il n'y a aucune communication, aucune sympathie (...) des habitants de deux planètes différentes. »

BENJAMIN DISRAELI
1848

Benjamin Disraeli, grand Premier ministre anglais du XIXe siècle et homme politique préféré de la reine Victoria, fut l'inventeur de la formule aujourd'hui fameuse des « Deux Nations » : c'est-à-dire la division de la Grande-Bretagne en deux pays, celui des riches et celui des pauvres. Il considérait qu'il y avait au Royaume-Uni deux cultures incompatibles « formées par une éducation différente, une nourriture différente, des manières différentes et gouvernées par des lois différentes ».

En 1987, le pays semblait toujours divisé en deux : économiquement, idéologiquement, et même géographiquement. Le nord, pivot industriel de l'ère victorienne, grâce à ses mines et ses chantiers navals, s'appauvrissait de plus en plus, avec ses deux millions de chômeurs, alors que le sud connaissait une croissance économique considérable. Les nouvelles industries de service fleurissaient, créant près d'un million d'emplois. Une culture travailliste hostile au capitalisme et à l'esprit d'entreprise dominait presque tous les comtés du nord. Dans le sud du pays, les gens votaient massivement conservateur et optaient pour une culture d'entrepreneurs.

*

Margaret Thatcher revint de Moscou pleine d'énergie pour mener sa campagne électorale. Elle avait montré à son pays qu'elle était un chef d'Etat exceptionnel sur la scène mondiale; l'économie anglaise remontait la pente; et pour couronner le tout, ses rivaux étaient mal en point. Le 11 mai, elle annonça des élections anticipées pour le 11 juin et se rendit à Buckingham Palace pour demander à la reine de dissoudre le Parlement.

Neil Kinnock avait mal commencé sa campagne: il était obstinément convaincu que, pour redorer son image, il devait faire un voyage aux Etats-Unis. Ses collaborateurs lui déconseillèrent de se rendre à Washington, et le mirent en garde contre les sentiments de Reagan pour Margaret Thatcher. Kinnock ne voulut rien entendre. Il partit pour la capitale américaine. Pendant que Thatcher était à l'honneur chez Gorbatchev, il arpentait les couloirs de la Maison-Blanche. L'ami de Thatcher n'allait quand même pas ouvrir en grand les portes à son rival à deux mois des élections! Bref, le voyage de Kinnock fut une succession d'humiliations qui ne fit rien pour rehausser son image. Et le parti travailliste continuait, envers et contre tous les sondages, à défendre une politique de désarmement nucléaire unilatéral. Pas exactement la même longueur d'onde que les idées de Reagan...

Le protocole veut qu'un chef de l'opposition ait droit à une demi-heure d'entretien avec le président des Etats-Unis. L'entretien de Kinnock avec Reagan dura quelques minutes de moins. Reagan était entouré de ses conseillers et Kinnock ne put avoir qu'une « conversation polie » avec lui, au cours de laquelle Reagan s'adressa à Denis Healey, le ministre fantôme des Affaires étrangères, en l'appelant « Monsieur l'Ambassadeur ». Après la rencontre, la Maison Blanche publia un communiqué disant que la politique de désarmement du parti travailliste était dangereuse pour l'O.T.A.N. et les négociations Est-Ouest. « Un vrai désastre », fut le commentaire d'un membre du cabinet fantôme.

Kinnock avait pourtant deployé beaucoup d'efforts pour réunifier son parti : il avait réussit à mater presque entièrement son aile gauche. Il avait introduit la notion, nouvelle en Angleterre, de « socialisme de marché ». Et surtout, il avait réussi à donner une image du parti travailliste qui était précisément ce qui manquait totalement à Thatcher : le parti qui se souciait des autres. Toute la campagne de Kinnock et de son parti tourna autour de cette idée et, même s'il perdait, ce qui était prévu, ce parti-pris aurait un écho dans le pays.

Quant à l'alliance libéraux-S.D.P., qui inquiétait les conservateurs, ses deux chefs – les deux David, David Owen et David Steel – étalèrent leurs désaccords sur la place publique dès le début de la campagne. Owen, leader du S.D.P., avait quitté le parti travailliste parce qu'il croyait en la dissuasion nucléaire. Steel, chef du parti libéral, voulait abolir les armes nucléaires. Finalement, ils tombèrent d'accord sur un compromis : une « force de dissuasion minimale européenne ». Hélas, les propositions de Steel furent rejetées par son parti et l'Alliance se retrouva dans un piètre état.

Bien évidemment, Thatcher et les conservateurs profitèrent des erreurs de leurs ennemis et ne se privèrent pas de montrer du doigt leurs défauts : « De toute évidence, le parti travailliste fait plus confiance aux envahisseurs de l'Afghanistan qu'aux alliés de la Grande-Bretagne en ce qui concerne la défense de l'Europe libre. »

La campagne permit surtout de contraster deux interprétations radicalement opposées de l'état de l'Angleterre : Thatcher et les conservateurs parlaient d'une Grande-Bretagne « ressuscitée » et promettaient d'étendre les privatisations, de réduire davantage les impôts directs et de développer encore l'actionnariat populaire. Elle récusait avec mépris son image de Premier ministre froid et sans compassion. « Toute personne décente s'inquiète du sort des malades, des malchanceux et des personnes âgées. » Et ses détracteurs ne faisaient que rouspéter inutilement. Pour sa part, elle avait agi pour la Grande-Bretagne, et continuerait à le faire. Elle eut davantage de mal à réfuter les critiques de sa politique universitaire (coupes sombres budgétaires, insistance sur une éducation supérieure à vocation « utile et pratique », etc.) et la détérioration de la Sécurité Sociale : hôpitaux de plus en plus lugubres, listes d'attentes de plusieurs années pour des interventions médicales et chirurgicales, etc. Sur cette question, l'attitude de Thatcher était des plus claires : elle voulait privatiser le plus possible le *National Health Service*.

Les travaillistes brossaient le tableau inverse : l'Angleterre sombrait, « économiquement et socialement blessée »; le pays était plongé dans la misère la plus noire. La campagne de Kinnock démarra sous les meilleurs auspices – et vint échouer sur l'écueil de la défense nucléaire. Lors d'une interview télévisée, il donna une série de coups de pouce à Thatcher en exposant sa version de ce qui se passerait s'il y avait une attaque nucléaire : il préconisait la guérilla comme moyen de défense contre l'envahisseur!

C'était une reprise du slogan des militants anti-nucléaires : *better red than dead* (mieux vaut être « rouges » que morts) !

Naturellement, les conservateurs buvaient du petit-lait. Norman Tebbit, que Margaret Thatcher avait nommé Président du parti conservateur, et donc responsable de la campagne électorale, ne tarda pas à riposter : »La Grande-Bretagne n'a aucune intention de vivre sous le drapeau rouge du socialisme ni sous le drapeau blanc de la capitulation.« A partir de ce moment-là, la campagne tourna au désastre pour Kinnock.

Le 11 juin 1987, Margaret Thatcher gagna les élections, pour la troisième fois consécutive, avec une majorité confortable de 101 sièges (43 de moins qu'en 1983, mais il n'y avait pas d'« effet Falklands » cette fois-ci). Grâce surtout à Thatcher, le parti conservateur avait acquis un électorat réellement populaire. Les travailleurs qualifiés avaient voté pour elle, changeant complètement leurs allégeances « naturelles », et 44 % des nouveaux électeurs, c'est-à-dire des jeunes, avaient choisi le parti conservateur. Son électorat traditionnel s'était élargi : les conservateurs avaient récolté 36 % des voix de la classe ouvrière.

Le triomphe électoral avait été impressionnant, le budget présenté par Nigel Lawson spectaculaire, mais très vite la morosité et la mauvaise humeur gagnèrent le pays, et surtout le gouvernement lui-même. Têtue comme toujours, et contre l'avis de la plupart de ses ministres et conseillers, Margaret annonça une réforme de l'éducation et une de la Sécurité Sociale, toutes deux fortement controversées et impopulaires dans le pays. Et, cette fois-ci, Thatcher fut obligée de retirer un projet de loi qui aurait eu pour conséquence de réduire le budget de la Sécurité Sociale de 94 millions de livres et qui aurait surtout désavantagé les pauvres, les vieux et les infirmes.

Ce qui caractérise le mieux les premiers mois du troisième mandat, ce sont les dissensions internes, de plus en plus acrimonieuses. Après sa troisième victoire, Margaret fut saisie par le vertige typique du pouvoir : dominatrice, intransigeante, sûre d'elle, elle n'écoutait plus personne, ne courtisait plus ses *backbenchers* et sous-estimait la capacité de ses ministres à mener une révolution de palais. Convaincue d'être une figure de l'histoire britannique, elle seule savait ce qu'il fallait à la Grande-Bretagne, et aucune décision ne pouvait être prise sans elle. Elle fit preuve de moins en moins de doigté politique au sein du gouvernement et du parti.

Norman Tebbit, le rival potentiel devenu de plus en plus amer et acerbe après les souffrances physiques et les absences que lui avait causées la bombe de Brighton, fut le premier à être écarté. Puis vint le tour du leader de la Chambre, John Biffen, qui avait exprimé des « doutes » sur sa politique. Après son départ, il accusa publiquement le Premier ministre d'être « tyrannique », ce qui fut largement exploité par la presse : c'était une « autocrate » qui dirigeait le gouvernement avec une « rigidité stalinienne » et n'avait qu'un désir, « danser sur la tombe de ses ennemis ».

Margaret n'avait nullement l'intention de se laisser adoucir, ni chez elle ni ailleurs, et surtout pas dans ses relations avec la C.E.E.

De sommet en sommet, Margaret sema le désarroi. A Stuttgart, en juin 1983, elle empêcha l'ordre du jour d'être discuté avant qu'on ait résolu le problème de la contribution britannique. A Athènes, en décembre 1983, elle sema une telle pagaille qu'il n'y eut même pas de communiqué final. Mais lorsque ce fut le tour de la France d'assumer la Présidence de la C.E.E., François Mitterrand déploya tout son art de diplomate et de négociateur pour mettre fin à ce qui devenait un véritable cirque. Et cela donna des résultats : les experts français et britanniques travaillèrent d'arrache-pied pour trouver une solution au fameux problème de la contribution britannique. Et si le sommet suivant, à Bruxelles, le 19 mars 1984, ne permit pas d'aboutir et se termina dans la mauvaise humeur, les choses commencèrent à aller mieux à Fontainebleau, le 25 juin. Là, on signa un premier accord de principe : le montant du remboursement correspondrait au pourcentage de la différence entre ce que la Grande-Bretagne payait à la Communauté et ce que la Communauté versait à la Grande-Bretagne. Restait à décider du montant de ce pourcentage. Après de longues discussions, Margaret Thatcher eut gain de cause et obtint 66 %. Elle avait obtenu ce sur quoi elle n'avait jamais voulu transiger.

Après cela, Margaret redevint « charmante » pendant un temps, surtout envers Mitterrand. En visite à Paris, en novembre 1984, elle fit l'éloge du Président français et signa le premier accord pour le tunnel sous la Manche.

Geoffrey Howe, alors ministre des Affaires étrangères, était rempli de fierté pour « leur succès ». Grâce à lui et à Margaret, non seulement le « bon sens » anglais l'avait emporté, mais en plus l'attitude de la Grande-Bretagne avait eu un effet bénéfique sur la Communauté. Thatcher, assurait-il, était « l'amie réaliste de l'Europe ». Les anecdotes autour des interventions de Margaret Thatcher au conseil de l'Europe sont légion. Au sommet de Dublin, en 1984, le Premier ministre irlandais, Garrett Fitzgerald, proposa de continuer la discussion pendant le repas. Madame Thatcher refusa : ce n'était pas pratique de parler et de manger en même temps. Fitzgerald lui répondit calmement que ce n'était pas grave; puisque Madame Thatcher disait toujours « Non », elle n'aurait qu'à agiter la main lorsqu'elle voudrait intervenir. Tout le monde comprendrait ce qu'elle voulait dire. Au sommet de La Haye en juin 1986, le Premier ministre belge Martens parlait des « partenaires sociaux ». Soudain, Thatcher piqua une colère, et fit une intervention typiquement britannique, mais aussi typiquement thatchérienne : « Qu'est-ce que c'est, les "partenaires sociaux"? Ca se rencontre dans la rue, un "partenaire social"? Dans la rue, on rencontre des hommes, des femmes, des enfants, pas des "partenaires sociaux"! » En janvier 1985, Thatcher se trouva une nouvelle bête noire. Jacques Delors devint Président de la Commission : français et socialiste, il avait tout pour lui déplaire. Mais le plan Delors pour l'Union Economique et Monétaire marqua un grand tournant pour la C.E.E. Fruit de la détermination de Delors et du travail d'un comité qui comprenait le Gouverneur de la banque d'Angleterre, le plan prévoyait l'Union par étapes. D'abord, l'appartenance de tous les pays de la Communauté au S.M.E. (Système Monétaire Européen); ensuite, la création d'une banque centrale européenne qui contrôlerait la politique monétaire; puis, l'instauration d'une monnaie européenne gérée par la nouvelle banque. En septembre 1988, à Bruges, Thatcher prononça un discours devant le Collège de l'Europe, qui provoqua des réactions furieuses de toutes parts. Elle commença par mentionner l'apport britannique à la liberté en Europe : *la Magna Carta* de 1215 (la Grande Charte, signée par le Roi Jean-sans-Terre, qui accordait à ses sujets certaines libertés politiques et personnelles), et le rôle essentiel de l'Angleterre dans la Première et la Deuxième Guerre mondiale : « A travers les siècles, nous avons combattu et nous sommes morts pour empêcher l'Europe de tomber sous la domination d'un seul pouvoir. » Puis elle lâcha sa « bombe » : un réquisitoire passionné contre la Communauté Européenne, dénonçant la bureaucratie de Bruxelles, l'idée d'une Fédération Européenne, et la tentative, à ses yeux, de supprimer les nations pour concentrer le pouvoir dans un conglomérat européen. « L'Europe sera plus forte précisément parce que la France sera la France, l'Espagne sera l'Espagne, la Grande-Bretagne sera la Grande-Bretagne (...) Je suis la première à dire qu'il y a beaucoup de questions sur lesquelles les pays d'Europe devraient se prononcer d'une seule voix. (...) Mais pour travailler davantage ensemble, il ne faut *pas* tout centraliser à Bruxelles ou laisser les décisions à une bureaucratie désignée. » Puis elle prononça cette phrase qui résumait le thatchérisme de manière totalement cohérente : « Nous n'avons pas repoussé avec succès les frontières de l'Etat en Grande-Bretagne pour les voir ressurgir à l'échelle européenne, avec un état supra-national qui exercerait une nouvelle domination à partir de Bruxelles. »

Au lieu de se rétracter devant le tollé indigné qui suivit son discours, elle revint à la charge, en juin 1989, lors de la réunion du Conseil Européen à Madrid et en dépit du fait qu'aux élections européennes quelques jours plus tôt, les conservateurs avaient obtenu, pour la première fois, moins de sièges que les travaillistes et seulement 34 % des

167

votes. Son but, à Madrid, était de refuser catégoriquement la participation de la Grande-Bretagne au Système
Monétaire Européen.

C'est Roy Jenkins, alors qu'il était président de la
commission, qui avait proposé en octobre 1977 que la
C.E.E. se dote d'un véritable système monétaire qui devait
permettre de réaliser deux grands objectifs : renforcer la
solidarité dans le domaine monétaire entre les pays européens et introduire plus de souplesse dans le mécanisme
d'ajustement des rapports de change réciproques. Les
principes de parités réciproques – les « taux pivots » –
étaient maintenus. Mais parallèlement, des fluctuations à
l'intérieur d'une bande limitée (2,25 % de part et d'autre
des parités officielles) restaient autorisées.

La constatation d'écarts excessifs donnerait lieu à
l'adoption de mesures correctives. Faute de quoi, il faudrait décider en commun s'il fallait ou non ajuster les parités. Pour Thatcher, l'entrée de la Grande-Bretagne au
S.M.E. équivalait à la perte de la souveraineté anglaise. Si
on devenait si liés économiquement, alors tôt ou tard on le
deviendrait politiquement. Mais, après avoir « balancé son
sac à main », écrivait ironiquement la presse anglaise, sur
les participants au sommet de Madrid en juin 1989, elle
finit par donner son accord à la première étape du plan
Delors. Grâce en grande partie à Howe et Lawson, la
Grande-Bretagne adhéra au S.M.E.. Plus tard, Thatcher
considéra qu'elle avait été bernée et essaya de faire
marche arrière. En tout cas, sa position n'en devint que
plus hostile envers les « Eurocrates ».

Une semaine à peine après Madrid, les chefs d'Etat se
retrouvèrent à Paris pour célébrer le bicentenaire de la
Révolution française. Là encore, Margaret jeta un froid
glacial en annonçant tout de go que la démocratie, et sur-

tout les droits de l'homme, n'étaient pas une invention des Français, mais des Anglais, fruit de leur glorieuse révolution. En outre, selon elle, la chose la plus mémorable qu'avait laissée la Révolution française n'était pas la liberté mais la terreur. Elle fut sifflée par la foule parisienne, au grand scandale des journaux populaires anglais – eux aussi, totalement anti-européens. A Strasbourg, en décembre 1989, Delors avait proposé une charte sociale européenne dont Thatcher ne voulait pas entendre parler. Une panne totale d'électricité – même les sorties de secours n'étaient plus illuminées – plongea la salle de conférence dans l'obscurité. On entendit tout d'un coup la voix de Margaret Thatcher : « Peut être est-ce le moment de parler de la charte sociale? »

De retour en Grande-Bretagne, Margaret Thatcher était mécontente : ses deux principaux ministres ne lui donnaient pas satisfaction : Geoffrey Howe, ministre des Affaires étrangères qui avait milité en faveur du S.M.E., et Nigel Lawson, son Chancelier de l'Échiquier avec qui elle avait des désaccords constants en matière économique. Si bien qu'en juillet 1989, elle effectua un important remaniement ministériel. Geoffrey Howe devait quitter son poste au *Foreign Office*. Il se révolta et essaya de s'accrocher. Cela faisait quatorze ans qu'il servait Margaret, qu'il avalait des couleuvres et faisait tout ce qu'elle voulait. Et tout cela, pour se voir remplacé par John Major, un « bleu » qui n'avait presque aucune expérience! Howe était aussi très attaché à la maison de campagne, *Chevening*, qui vient avec la fonction, où lui et sa femme avaient accueilli le beau monde politique et diplomatique : il fit une scène dramatique à Margaret, et Thatcher ne trouva rien de mieux que de lui enlever sa maison de campagne (elle avait le pouvoir de la lui laisser) et de lui donner, en compensation, celle de son Chancelier de l'Échiquier, Nigel Lawson. Evidemment Lawson le prit très mal, et se sentit humilié. Howe changea donc de maison de campagne, et devint vice-Premier ministre, poste qu'avait occupé Williams Whitelaw, maintenant à la retraite.

Quant à Lawson, cela faisait déjà un an que les rapports entre le Premier ministre et son Chancelier tournaient au match de boxe quotidien : Lawson était convaincu que la Grande-Bretagne devait adhérer au s.m.e. Thatcher n'avait rien voulu entendre, jusqu'en juin 1989, quand Howe et lui-même réussirent à lui forcer la main. En mars 1988, ils eurent leur premier désaccord politique – après, ils se disputèrent sans cesse jusqu'à la démission de Lawson en octobre 1989. Ils n'étaient absolument pas d'accord sur la politique des taux de changes : Lawson défendait l'intervention du gouvernement pour contrôler les taux de changes. Thatcher, elle, croyait que la valeur de la livre ne devait absolument pas être contrôlée par le gouvernement. Whitehall se trouvait peu à peu paralysé par leurs désaccords, ne sachant plus à quel ordre ou contrordre obéir.

En juillet 1988, Margaret avait repris comme conseiller économique le professeur Alan Walters, qui revenait des Etats-Unis. Dans les années soixante-dix, il avait fait partie du *Centre for Policy Studies* et avait eu une grande influence sur la politique économique du premier mandat. Peu politique, il commença immédiatement par dire tout haut qu'il était contre le s.m.e. et les idées « mal digérées » de Nigel Lawson. Lawson prit la nomination de Walters comme un affront personnel : Margaret faisait venir du renfort pour mieux l'abattre. En plus, après l'annonce triomphante du budget de 1988, le déficit commercial et l'inflation se détériorèrent rapidement et, pour Thatcher, Lawson était le responsable. Lorsque Alan Walters publia dans une revue américaine spécialisée un article anti-S.M.E., Lawson en eut subitement assez. Il démissionna. Dans sa lettre à Thatcher, il lui dit clairement que tant qu'Alan Walters serait son conseiller, il ne pourrait continuer à travailler avec elle. Puis il se rendit aux Communes pour expliquer son départ. « Pour que le système marche », conclut-il, « un Premier ministre doit nommer des ministres en qui il ou elle a confiance, puis les laisser mettre en œuvre sa politique ». C'était on ne peu plus clair, et cela contribua largement à démoraliser les parlementaires conservateurs et la City financière de Londres.

Thatcher était de plus en plus isolée au sein de son gouvernement. John Major, le petit dernier, devint Chancelier de l'Échiquier, et Douglas Hurd ministre des Relations extérieures. « Elle est convaincue d'être invincible et infaillible » grommelait-on dans les couloirs parlementaires. Mais le parti conservateur est fanatiquement fidèle à son leader, jusqu'au jour où un autre prend sa place.

Un an après l'élection, un sondage montra que les valeurs thatchériennes commençaient à décliner dans l'opinion britannique. La majorité des personnes interrogées, par exemple, étaient hostiles aux dernières privatisations envisagées : celle de l'eau et de l'électricité. Et il y eut d'emblée une opposition quasi unanime à l'application de la *community charge* ou *poll tax.* La principale raison pour laquelle le gouvernement instaura la poll tax tenait à l'archaïsme de l'ancien système de collecte des impôts locaux. Ceux-ci étaient traditionnellement constitués par les rates, c'est-à-dire une contribution foncière, dépendant de la valeur estimée des propriétés. Le système comportait de nombreuses aberrations, notamment des inégalités évidentes selon les quartiers ou les villes. La valeur estimée *(rateable value)* devait être révisée pour l'ensemble de la Grande-Bretagne, et les spécialistes des institutions locales, toutes tendances politiques confondues, étaient d'avis qu'il fallait réformer le système lui-même. Thatcher, elle, considéra alors, sous l'influence de groupes ultras, bien plus que du parti conservateur, que c'était une bonne occasion pour réaliser un changement radical. Le système des *rates* serait aboli, et remplacé par deux contributions : l'une, appelée *Community Charge*, serait perçue auprès de tout habitant âgé de plus de dix-huit ans ; l'autre serait une taxe sur les locaux commerciaux appelée *Unified Business Rate*. Même si cette dernière représentait un danger certain pour d'innombrables petits commerces, notamment dans les centre-villes, ses défauts allaient passer pratiquement inaperçus, du fait du scandale politique et de la colère créé par la *Community Charge*. Pour des raisons de doctrine politique plus que de rationalité économique, le gouvernement avait choisi d'ignorer totalement le principe traditionnel de progressivité de l'impôt. Autrement dit, tous les habitants d'une commune devaient s'acquitter de la même taxe, quels que soient leurs revenus ou leur fortune. Au principe selon lequel chacun doit payer selon ses moyens, le gouvernement opposait l'idée selon laquelle les habitants d'une ville ou d'un village étaient des consommateurs de services publics, qui devaient tous payer une part égale puisqu'ils recevaient les mêmes services.

Mais, par-delà cette raison idéologique, la *Community Charge* obéissait à des raisons politiques, clairement affichées par le gouvernement. Comme le disait Thatcher elle-même, l'idée était avant tout de rendre le gouvernement local « redevable devant ses électeurs ». C'est pourquoi le calcul de la contribution était d'une simplicité enfantine : on prenait l'ensemble des dépenses prévues au budget de la commune, on divisait par le nombre d'adultes inscrits sur les registres électoraux, et on obtenait le montant de la *Community Charge.* L'avantage attendu de cette réforme était clairement politique. En effet, les communes traditionnellement dirigées par des travaillistes étaient généralement bien plus dépensières, en termes de services sociaux, d'aménagements collectifs, etc. Selon les conservateurs, ces dépenses étaient la plupart du temps injustifiées et résultaient de l'incapacité évidente des travaillistes à gérer quoi que ce soit. Bien sûr, ceux-ci répliquaient que leurs budgets sociaux étaient plus importants tout simplement parce que les communes en question recouvraient des quartiers populaires, où les besoins en services publics étaient bien plus importants. Du point de vue conservateur, l'introduction de la *Community Charge* devait avoir un effet très simple. Les électeurs s'apercevraient que les « travaillistes coûtent plus cher », et ils voteraient pour les conservateurs aux élections locales. Cet effet fut prédit comme une certitude par la plupart des politiciens conservateurs, qui espéraient obtenir ainsi l'élimination complète des forteresses locales du parti travailliste.

En fait la *Community Charge* fut la plus grande erreur politique du gouvernement Thatcher, et certainement la goutte d'eau qui fit déborder le vase, aussi bien chez l'électorat conservateur traditionnel que chez les nouveaux thatchériens des classes populaires. Les raisons furent nombreuses. Tout d'abord, l'injustice flagrante de cette contribution choqua les Britanniques, pour qui la *fairness* (l'équité) est un composant indispensable de toute politique, qu'elle soit de droite ou de gauche. La taxe favorisait nettement les riches. Quiconque vivait dans un bon quartier, dans une grande maison, voyait sa part d'impôts locaux diminuer brusquement, dans le passage des *rates* à la *Community Charge*. Au contraire, les locataires pauvres, qui jusqu'à présent remboursaient à leur propriétaire une partie des faibles *rates* payés par celui-ci, se voyaient tout à coup imposer une charge énorme. Cet aspect « sadique » de la taxe était renforcé dans l'opinion par le fait que *tous* les habitants sans exception devaient être inscrits sur les registres de la *Community Charge*. Comme les listes électorales étaient la première source pour constituer ces registres, la taxe fut appelée *poll tax,* c'est-à-dire « taxe du vote » ou « cens », rappelant en outre le sinistre souvenir de la capitation médiévale. L'injustice de principe de la *poll tax* fut rendue particulièrement révoltante par le fait que la contribution était très lourde. Elle variait entre 350 et 600 livres environ par an, selon les communes. Bien entendu, les communes les plus pauvres étaient celles où la taxe était la plus élevée. Bien des familles de la *working class* allaient devoir payer quatre ou cinq contributions personnelles, ce qui représentait une somme énorme, pouvant aller jusqu'à plusieurs mois de leurs revenus totaux.

L'effet politique fut donc exactement l'inverse de celui qui était attendu. La *poll tax* fut introduite en 1989 en Ecosse, puis en 1990 en Angleterre et au Pays de Galles. Chaque fois, elle provoqua de nombreuses manifestations, et des mouvements de désobéissance civile. Les élections locales de 1990 furent désastreuses pour les conservateurs. D'un point de vue économique, la taxe fut encore plus désastreuse. Six mois après son introduction en avril 1990, on comptait encore environ un tiers de non-payeurs dans le Grand Londres, et ils étaient encore plus nombreux dans les métropoles du nord, Liverpool et Manchester. Les tribunaux durent envoyer des sommations à comparaître à des milliers de personnes. Le coût de l'établissement des registres fut extraordinairement élevé. Sans doute ces registres ne serviront-ils pas plus de deux années, car la taxe serait certainement abandonnée ou du moins totalement transformée par le prochain gouvernement quelle que fût sa couleur politique. Les collectivités locales se retrouvèrent pour la plupart dans une situation financière désastreuse, du fait du non-paiement de la taxe, et ne purent faire face aux dépenses indispensables, par exemple celles touchant à l'éducation, qu'avec l'aide de subventions exceptionnelles de l'administration centrale. Pour remplacer un système archaïque et plein de défauts, le gouvernement s'était engagé dans des dépenses énormes et avait créé une bombe politique qui lui vaudrait peut-être une défaite aux prochaines élections générales.

Il ne fait pas de doute que le départ de Margaret Thatcher est en grande partie dû à l'impopularité de la taxe. Pour beaucoup de Britanniques, la *poll tax* représente tout ce que le thatchérisme peut avoir de pire : d'abord, la réforme est délibérément injuste, une machine de guerre contre les pauvres, censés être des parasites, vautrés dans la dépendance, et qu'il faut dresser; ensuite, la réforme fut adoptée pour des raisons politiciennes cyniquement avouées. Enfin, lorsqu'il devint évident que la nouvelle taxe ne fonctionnerait jamais, le système fut maintenu contre vents et marées, tout simplement parce que Mar-

175

garet Thatcher considèrait qu'elle ne pouvait avoir tort, et qu'elle ne devait donc jamais transiger.

Au cours de l'été 1990, les députés conservateurs élus avec une faible majorité (ce qu'on appelle les *marginal seats,* les sièges marginaux) commencèrent à s'affoler. Tous les sondages d'opinion les donnaient battus à plate couture, et le principal thème de mécontentement était bien sûr la fameuse *poll tax.* La pression pour une refonte de la *poll tax* devenait de plus en plus forte. Mais le Premier ministre ne voulait rien entendre.

Le 13 novembre 1990, le premier des fidèles, celui qui avait été converti dès 1974, sauta du bateau : Geoffrey Howe démissionna et fut tenu de venir s'expliquer devant les Communes. Dans un discours qui secoua les Communes de fond en comble et fut aussi une grande scène de théâtre politique, Brutus poignarda César. En effet, la loyauté de Howe confinait au pathologique, et beaucoup y voyaient une preuve de mollesse et de servilité plus que de la fidélité. En outre, Howe avait toujours su rester courtois dans le débat; son style, sérieux et souvent soporifique, en faisait un personnage sans grand éclat. Denis Healey, ancien Chancelier de l'Échiquier, avait dit « débattre avec Howe, c'est comme se battre avec un mouton mort ». Pour toutes ces raisons, le discours de Howe aux Communes était très attendu : le mouton mort s'était enfin réveillé, et l'on se délectait à l'avance de ses explications sur les désaccords de plus en plus évidents au sein du cabinet. Les députés n'allaient pas être déçus. Dans un silence impressionnant, sur un ton très calme, Howe prononça un réquisitoire impitoyable contre la politique européenne de Thatcher et la manière dont le cabinet était dirigé. Il révèla que les dissensions étaient effectivement très graves, et que la politique européenne était l'enjeu de

176

luttes incessantes entre Thatcher et le cabinet. Il révèla que la décision d'entrer dans le Système Monétaire Européen, après des années de refus sous les prétextes les plus divers, avait été arrachée au Premier ministre par le Chancelier John Major et Howe lui-même, qui avaient mis leur démission dans la balance. Il se moqua des dirigeants du parti conservateur, qui essayaient de nier l'existence même de dissensions dans le cabinet. Comme il le fit remarquer, si tel était le cas, ce serait vraiment la première fois qu'un ministre démissionnait parce qu'il était en accord total avec les autres membres du gouvernement. Enfin, Howe revendiqua avec fierté les résultats des premières années du gouvernement conservateur et ne manqua pas de se déclarer solidaire de l'ancien Chancelier Nigel Lawson. Celui-ci était d'ailleurs assis à côté de Howe et semblait se délecter de chaque minute de cette minutieuse attaque contre le Premier ministre.

Le 14 novembre, Michael Heseltine annonçait sa candidature à la direction du parti conservateur. Le relatif succès de Heseltine, s'il surprit certains proches de Thatcher, avait pourtant été prévu par de nombreux observateurs politiques. Heseltine dut son succès auprès des députés conservateurs et de l'opinion à trois facteurs essentiels, qui reflètent autant de faiblesses de la part de Thatcher.

Tout d'abord, en fin politicien, il savait que dans la mesure où le leader du parti était élu par les parlementaires, c'était cet électorat qu'il lui fallait cultiver. A l'inverse de Thatcher qui, surtout au cours de son dernier mandat, avait négligé les *backbenchers*, Heseltine se fit un devoir de se mettre à leur écoute. Après sa démission du cabinet, il mit un point d'honneur à ne jamais refuser une seule invitation des sections locales du parti, quelle que fût leur importance et quelles que fussent ses autres tâches. Il acquit ainsi une grande popularité auprès de nombreux *backbenchers*.

Ses déplacements dans les sections locales, sa participation aux interminables dîners-débats furent particulièrement importants. Il faut savoir en effet que le choix du candidat aux élections est toujours fait par la section conservatrice locale. En pratique, la direction du parti a peu d'influence sur ces choix, bien qu'elle dispose de toutes sortes de moyens de pression. Par exemple, il est tout à fait impossible pour la direction du parti de prononcer une exclusion, tant que le membre dissident est soutenu par sa section. Ce pouvoir des sections s'est fait surtout sentir après la démission de Thatcher, avant le second tour de l'élection du leader. Les députés étaient censés retourner dans leur circonscription pendant le week-end, « pour réfléchir », c'est-à-dire pour rencontrer leurs sections locales. Celles-ci furent souvent très claires dans leurs choix, indiquant à leur député que s'il soutenait explicitement tel ou tel candidat, il serait *deselected*, c'est-à-dire qu'il ne serait pas candidat aux prochaines élections. En principe, les députés sont totalement libres de leur choix, mais bien peu prendraient le risque de ne pas tenir compte de ce genre d'avis...

Heseltine sut donc aller à la rencontre des députés de base dans un contexte local qui était souvent plus important pour eux et, surtout, pour leur carrière que les couloirs de Westminster. Il adopta une stratégie très simple mais efficace. Puisque Thatcher manifestait à son égard une hostilité qui confinait à l'aversion, Helestine choisit de diffuser ses propositions de bas en haut, pour ainsi dire, en partant du lieu d'un pouvoir réel quoique indirect, à savoir les sections locales du parti conservateur.

Le deuxième facteur fut le fait que Heseltine avait systématiquement occupé le terrain intellectuel délaissé par le thatchérisme officiel depuis quatre ans. Heseltine avait des idées claires et précises sur tous ces problèmes sociaux dont le gouvernement prétendait soit qu'ils n'existaient pas, soit qu'ils seraient résolus tout simplement par la grâce du marché. Ainsi, depuis des années, Helestine était devenu un spécialiste des questions de gouvernement local et d'aménagement urbain. Ce dernier point était particulièrement important. La décadence des *inner cities* (c'est-à-dire, non pas le centre ville, mais les banlieues proches) des grandes métropoles était devenue un problème majeur. Ces quartiers pauvres accumulaient les difficultés. Les chômeurs y étaient plus nombreux, les incidents racistes plus violents, l'insécurité plus inquiétante. Les bâtiments du *council housing* (équivalent des H.L.M.) y étaient particulièrement vétustes, et la dégradation des services publics plus particulièrement grave. Or le gouvernement avait choisi d'ignorer ces problèmes. La doctrine officielle était que la prospérité produite par la politique libérale entraînerait peu à peu un relèvement général du niveau de vie. Ces problèmes disparaîtraient donc d'eux-mêmes. Heseltine avait toujours déclaré que c'était une doctrine simpliste, et que le redéveloppement des *inner cities* nécessitait une aide importante de l'Etat, ne serait-ce que pour assurer l'infrastructure nécessaire aux nouvelles entreprises. Il proposa des plans précis pour certaines villes, notamment Liverpool. Ainsi, il se positionna dans l'opinion publique, et aussi auprès des journalistes et du parti conservateur, comme l'homme des solutions pragmatiques face aux problèmes que le gouvernement refusait de prendre en considération.

Troisième facteur du succès de Heseltine : son ton très diplomatique, son respect des usages du parti conservateur, son visage d'opposant courtois. Contrairement à Edward Heath, dont les remarques acerbes sur la personne du Premier ministre dépassèrent souvent les limites acceptables du débat politique, Heseltine refusa toujours la polémique. Il présentait ses propositions comme des améliorations possibles de la politique gouvernementale, des améliorations qui pourraient parfaitement être mises en œuvre par le gouvernement. Et il réussit cet exercice d'équilibriste particulièrement délicat surtout lorsqu'on connaît la teneur de certaines de ses propositions. Par exemple, ses idées sur la *poll tax,* présentées officiellement comme des possibilités d'amélioration, visaient en fait à la vider de tout contenu « thatchérien ». Il était disposé à moduler la taxe en fonction des revenus, et même de la propriété (ce qui revenait à réintroduire un système de *rates*). D'autre part, il proposa de revenir au financement direct, par l'Etat, de dépenses d'éducation, ce qui pour Thatcher était une hérésie.

Malgré ces propositions « consensuelles », malgré son ambition évidente de devenir Premier ministre (ambition dont tous ses proches confirment qu'elle ne l'a pas quitté), Heseltine ne se départit jamais (sauf pendant l'affaire Westland) de son ton courtois, et jamais on ne l'entendit se poser explicitement en challenger... sauf en novembre 1990, lorsque le moment fut venu de porter le coup fatal à son ennemie de toujours. La déclaration de candidature de Heseltine déclencha des réactions variées. Celles de la presse, en grande majorité favorable aux conservateurs, étaient presque délirantes, particulièrement dans les tabloids, la presse populaire. Le *Daily Express,* impressionné par le soutien déclaré ou implicite de nombreux députés dont bénéficiait Heseltine, déclara que ceux-ci étaient « fous » de vouloir se débarrasser du « plus grand leader occidental du vingtième siècle ». Même ton dans le *Daily Telegraph*, d'ordinaire plus réservé. L'avalanche de superlatifs utilisés pour décrire Margaret Thatcher dépassait même les inventions des satiristes du *Private Eye*, qui avaient toujours appelé Thatcher, « sa Majesté Thatch 1re, maître suprême de l'Univers ». Quant au *Sun,* fidèle à son sens de la nuance, il proposait un titre énorme en première page décrivant les trois députés qui avaient présenté la candidature de Heseltine comme « le fou, le voleur et l'imbécile ».

Comparées à ces outrances, les réactions du cabinet furent particulièrement mesurées. On peut y voir *a posteriori* la réaction de politiciens qui se doutaient bien que le règne de Thatcher touchait à sa fin, voire qui le souhaitaient et voulaient en tout cas se démarquer d'un soutien trop voyant. Surtout, ils ne voulaient pas être pris au piège de devoir attaquer ses concurrents. Tous les membres du cabinet déclarèrent qu'il était « sain » et « normal » qu'il y ait une élection, que le débat ne pouvait pas nuire, que le parti en sortirait certainement renforcé, et ainsi de suite. Bien sûr, ils se déclarèrent tous en faveur de Thatcher... mais personne ne se lança dans une campagne agressive.

La presse se fit un plaisir de souligner que bien des membres du cabinet étaient subitement très occupés. John Major avait de longs entretiens avec le gouverneur de la Banque d'Angleterre, d'autres membres du cabinet étaient appelés pour des affaires urgentes dans leurs circonscriptions, bref il devenait difficile de les faire parler devant des caméras.

Une interview de Douglas Hurd, alors ministre de l'Intérieur, donna le ton général. Alors qu'on lui demandait s'il serait un jour candidat au poste de leader, et donc de premier ministre, il répondit qu'il « est tout à fait exclu pour moi de me présenter... silence de quelques secondes ... contre elle ». Tout le monde comprit la nuance. Dès que l'obstacle Thatcher serait levé, il serait tout à fait naturel de postuler au leadership ... à condition de ne pas avoir l'air de l'avoir écartée. On retrouve ce genre de clause de conscience, à quelques nuances près, dans la plupart des déclarations des membres du cabinet au cours de ces journées.

Thatcher, coupée de sa base, ne se rendait pas du tout compte de l'étendue du soutien dont bénéficiait Heseltine. Sûre d'elle, elle se contentait de vanter les réussites des années Thatcher et de mettre en garde le pays contre le danger qu'il courrait si elle n'était plus à la barre. Un membre du cabinet fit cette remarque : « Elle a l'illusion que les M.P. conservateurs sont un électorat sophistiqué. Elle ne se rend pas compte que ce sont des gens qui portent l'emblème du parti, la cocarde bleue, uniquement en période électorale. Le reste du temps, ils pensent que les gouvernements sont là pour vous faire gagner des voix ou vous en faire perdre. Une telle attitude est incompréhensible pour Thatcher qui, au fond, raisonne toujours en termes idéologiques. »

Le mardi 20 novembre 1990, à 18 heures 30, alors que Margaret Thatcher se trouvait à Paris pour la conférence internationale sur la Sécurité et la Coopération en Europe qui marquerait la fin symbolique de la guerre froide, le résultat du premier tour fut annoncé : 204 votes pour Thatcher, 152 pour Heseltine et 16 abstentions. Il manquait à Thatcher quatre voix pour avoir les 15 % qui lui auraient permis de passer au premier tour. Elle se trouvait à l'ambassade britannique et, selon les témoignages, elle descendit impulsivement dans la cour pour faire face aux caméras « Je suis déçue de ne pas avoir été reconduite au premier tour. Mais je me battrai jusqu'au bout.» Et elle partit pour Versailles se mêler aux grands de ce monde. Margaret était bien décidée à se battre : mais d'abord, il lui fallait consulter son cabinet, prendre la température des couloirs du Parlement. En attendant son retour de Paris, Denis, qui était à Downing Street, reçut la visite de plusieurs ministres. Denis lui-même commençait à se demander s'il ne fallait pas que Margaret abandonne. Contrairement à d'autres membres du parti, il était contre une «glorieuse défaite»; mieux valait que Margaret démissionne plutôt que de se faire humilier par son pire ennemi, Michael Heseltine.

Dès son retour, elle appela Tim Renton, le *chief whip*, et lui demanda de faire le pointage des intentions de vote des parlementaires conservateurs pour le deuxième tour.

Le mercredi matin, elle décida de consulter elle-même les membres de son cabinet. L'après-midi, elle devait faire un rapport aux Communes sur son voyage à Paris, et le lendemain, il y aurait la séance de questions au Premier ministre et le vote d'une motion de censure demandée par Kinnock contre son gouvernement. Il lui restait peu de temps pour consulter et prendre sa décision : la clôture des candidatures pour le deuxième tour était fixée à midi le lendemain. Ce soir-là, il y eut un véritable défilé de ministres dans son bureau des Communes; chacun lui fit part de son pessimisme quant à l'issue du vote, tout en l'assurant de son soutien personnel! Et, à sa stupeur, Margaret comprit que son parti la lâchait. Si le cabinet ne soutenait plus le leader, elle savait que ses chances étaient sérieusement réduites.

Ce soir-là, au 10 Downing Street, après avoir discuté avec Denis, elle décida de démissionner. Moins de vingt-quatre heures au plus tôt, elle avait déclaré : « Je me bats;

je me bats pour gagner. » Ce que la Grande-Bretagne devait apprendre avec étonnement le 22 novembre, c'est que la Dame de fer avait encore un tour dans son sac : elle savait perdre avec panache!

Le lendemain, à 7 heures 30, elle informa son secrétaire parlementaire privé de sa décision. A neuf heures, Thatcher réunit son cabinet pour la dernière fois. Elle annonça sa démission et résuma sa décision en cinq minutes : « Quel drôle de monde » conclut-elle : drôle de parti, voulait-elle dire, qui renvoyait son leader après qu'elle eut gagné trois élections successives et obtenu, deux jours plus tôt, le soutien de la majorité des parlementaires conservateurs. A 9 heures 05, le cabinet reprit, comme d'habitude, la discussion sur les affaires courantes.

L'annonce officielle eut lieu à 9 heures 30 du matin, le jeudi 20 novembre 1990. La reine fut prévenue et s'attendit donc à recevoir Margaret Thatcher dans la journée.

A l'issue de la réunion du cabinet, Margaret fit un bref communiqué : « L'unité du parti et la perspective de gagner les prochaines élections générales seront mieux servies si je me retire. »

A 12 heures 30, elle se rendit à Buckingham Palace pour annoncer officiellement sa démission à la reine. Il fut officiellement décidé qu'elle resterait Premier ministre jusqu'à la nomination d'un successeur. A 14 heures 30, Margaret Thatcher arriva au Parlement pour faire face à une motion de censure contre son gouvernement, et, une fois de plus, tenir le premier rôle aux Communes.

Épilogue

« Après moi ? Il y a moi. »
MARGARET THATCHER

Ce jour-là, la Chambre des Communes semble d'autant plus petite qu'elle est bondée : les députés sont serrés les uns contre les autres, et ceux qui n'ont plus de place sur les bancs, sont assis sur les marches. Ce sera une séance chargée d'émotion. La Chambre et Madame Thatcher vont, à elles deux, jouer un dernier acte mémorable.

L'heure est aux questions au Premier ministre.

L'arrivée de Thatcher est d'ailleurs digne d'une grande mise en scène : dès qu'elle entre pour aller se glisser à sa place, face à la grande table qui tient lieu de tribune, les députés conservateurs se lèvent comme un seul homme et l'acclament en agitant comme des mouchoirs les feuilles blanches de l'ordre du jour. De l'autre côté, de nombreux travaillistes se lèvent aussi, mais pour pointer des doigts accusateurs vers leurs collègues conservateurs : « Hypocrites ! Hypocrites ! », crient-ils à tue-tête.

Tout au long de l'après-midi, les M.P. conservateurs vont l'encourager, l'acclamer et l'applaudir comme aux

185

beaux jours et se feront bruyamment conspuer par les travaillistes.

En face de Thatcher, Neil Kinnock : grand, roux, le crâne dégarni, un bel accent gallois et une voix grave, quoique facilement enrouée. Kinnock a souvent du mal à s'exprimer avec précision : il se répète, revient en arrière. Il n'apprécie guère les joutes verbales aux Communes, et cela se voit. Il tient la tribune des deux mains et bouge beaucoup : en avant lorsqu'il attaque, en arrière pour se reprendre.

Kinnock finit de critiquer la politique européenne du gouvernement. Nigel Lawson se lève et, très sûr de lui, en comptant théâtralement sur ses doigts comme si Kinnock était un enfant, s'adresse au *speaker* en demandant si le très honorable gentleman (Kinnock) et son parti sont favorables à une monnaie unique, créée par une politique monétaire unique, gérée par une banque centrale. « Oui ou non ? Je veux qu'il réponde oui ou non » crie-t-il en pointant un doigt menaçant vers Kinnock,

Les « *Hear, hear* » et « *aye, aye* » sont nombreux du côté conservateur.

Kinnock se lève, et revient à la tribune : « Comme le très honorable gentleman le sait fort bien, il n'y a pas actuellement de réponse par " oui " ou par " non " à cette question. »

Tout le monde rit, Lawson aussi.

Un conservateur veut rendre hommage au Premier ministre. Il commence par « Monsieur le speaker. Ma très honorable amie.... »

« Amie ? Amie ? Amie ! » raillent les travaillistes. Le M.P. a été de ceux qui ont réclamé son départ quelques jours plus tôt.

Kinnock se lève à nouveau.

186

« Monsieur le speaker, puis-je rendre hommage au Premier ministre et à la décision qu'elle a prise ce matin ? Elle a ainsi montré qu'elle vaut bien mieux que ceux qui se sont retournés contre elle ». Pause. « Monsieur le speaker, je sais que la très honorable dame accorde une grande importance au principe du choix. Elle a raison. Estime-t-elle comme moi que ce choix doit maintenant être donné au peuple britannique lors d'une élection générale ? »

Thatcher se lève. « Permettez-moi de remercier le très honorable gentleman pour ses premières remarques. La réponse à sa dernière remarque est non ! Pas plus qu'il n'y eut d'élection lorsque Monsieur Wilson fut remplacé par Monsieur Callaghan ». Rugissements d'approbation des élus conservateurs.

Un membre du S.D.P. intervient : « Même si nous avons des désaccords politiques, et ils sont nombreux, nous devons reconnaître que le Premier ministre a apporté un style nouveau à cette tribune, et personne ne peut nier ni son courage, ni sa conviction, ni son esprit de décision. Puis-je lui demander si elle a un conseil à donner à son successeur ? » La chute est perfide, et les conservateurs donnent voix à leur indignation.

Thatcher se lève :

« Je voudrais remercier le très honorable membre pour la première partie de son intervention. En ce qui concerne la deuxième partie, puis-je rappeler à la Chambre que j'ai bien l'intention d'être là mardi prochain et même peut-être jeudi prochain » (Allusion aux élections pour la direction de son parti et donc de la nation). Tout le monde rit.

Une parlementaire conservatrice se lève et dit la gorge nouée : « Je voudrais que le Premier ministre accepte ici l'hommage d'amour et d'affection des millions de personnes qui l'ont suivie depuis des années avec la plus grande joie et admiration. » La Chambre reste silencieuse.

Thatcher, visiblement émue, se tourne vers elle et lui dit : « Je suis particulièrement touchée par ce qu'a dit mon honorable amie. Nous nous sommes rencontrées à l'université et ne nous sommes pas quittées depuis. »

Puis un parlementaire travailliste, après s'être adressé au *speaker*, attaque : « Qui, à son avis, doit porter le blâme de ce qui est, après tout , un désastre conservateur? »

Thatcher se lève.

« Eh bien, le très honorable gentleman a toujours été un bon avocat. Il est capable de défendre n'importe quelle cause sans y croire un instant si on lui dit de le faire. »

Cris sur les bancs travaillistes, « aye », « aye » et rires sur les bancs conservateurs. Les parlementaires font continuellement des commentaires, qui sont parfois repris à la volée par l'intervenant et intégrés dans son attaque ou sa défense.

Soudain, Thatcher se fait prendre à parti par un autre M.P. travailliste : « Si tout va si bien, pourquoi son parti veut-il se débarrasser d'elle? »

Et c'est comme si cette attaque était juste ce qu'il lui fallait pour la réveiller. Tout d'un coup, Thatcher est là, au mieux de sa forme : elle ne se lève pas, elle bondit, son ton devient imparable, ses gestes totalement oratoires. Elle lève le doigt, le pointe vers le parlementaire travailliste, vers tous les travaillistes en face, et se met à dire d'une voix tonnante, qui domine entièrement la Chambre :

« Monsieur le speaker, c'est pour *cela* que nous gagnerons une quatrième élection générale! Nous avons déjà été en bas dans les sondages lorsque nous avons eu à prendre des décisions difficiles. L'essence d'un bon gouvernement est d'être prêt à prendre des décisions difficiles pour obtenir la prospérité à long terme. C'est ce que nous avons réussi et c'est pour cela que nous gagnerons, en beauté, une quatrième élection générale! »

Un membre du parti social-démocrate se lève et lui demande ce qu'elle a à dire du fait que, dans sa circonscription, « les pauvres sont relativement plus pauvres, moins bien logés et moins bien nantis. Ce n'est sûrement pas un résultat dont on puisse être fier ».

Thatcher se lève de son banc. Elle scande sa réponse avec son doigt et son bras. On a l'impression qu'elle ne reprend plus son souffle entre les phrases :

« *Tous* les niveaux de revenus sont plus élevés qu'en 1979! Mais ce que l'honorable membre est en train de dire c'est qu'il voudrait que les pauvres soient encore plus pauvres, pourvu que les riches soient moins riches. Quelle politique! Oui, que les pauvres soient encore plus pauvres pourvu que les riches soient moins riches! C'est ça une politique social-démocrate! Oui! C'est sorti comme ça! Il ne l'a pas fait exprès, mais c'est sorti quand même! »

Ses paroles, comme ses gestes, semblent martelés : l'ambiance est de plus en plus intense, on entend autant de cris d'encouragement que de désapprobation.

Un travailliste lui pose une question sur ce qui devrait advenir de la future Banque centrale européenne prévue par le plan Delors. Thatcher n'a même pas le temps de répondre, car un autre travailliste, Denis Skinner, l'interrompt : " La Banque? Elle va en devenir le gouverneur! " Toute la Chambre rit. Thatcher, le coude gauche posé sur la tribune, rit aussi et attend tranquillement que le silence revienne. Il y a un tel brouhaha que le speaker se lève de son trône et crie " *order, order!* " Il se tourne vers Thatcher : " Prime Minister.. " et lui fait signe qu'il lui donne la parole. " Mais quelle *bonne* idée! " s'exclame-t-elle enfin avec emphase. La Chambre explose de rire. Thatcher, ravie de son effet, rayonne et continue : " Je n'y avais pas pensé! » Nouvelle explosion de rire. Elle sait qu'elle tient la

189

Chambre. « Mais », ajoute-t-elle, remontant immédiatement sur ses grands chevaux, le doigt vengeur : « si c'était moi, il n'y aurait pas de banque centrale, qui ne rendrait de comptes à personne, surtout pas aux Parlements nationaux. Car la mission de ce genre de banque centrale est contraire à la démocratie ; elle dépouille de ses pouvoirs chaque Parlement individuel : une seule monnaie, une seule politique monétaire enlève tout pouvoir politique aux parlements nationaux ! Comme l'a dit mon très honorable ami (se tournant vers Nigel Lawson) la première fois qu'il a parlé d'une monnaie unique, la monnaie unique c'est la politique de l'intégration. C'est faire entrer l'Europe fédérale par la porte de la cuisine ! Eh bien, je considérerai effectivement la proposition du très honorable gentleman. Ou en étions nous ? Ah je m'amuse ! je m'amuse ! » lance-t-elle, excitée.

Et toute la Chambre explose : c'est l'hilarité générale. Décidément, la Dame de fer leur en donne pour leur argent.

Le moment est venu de débattre la motion de censure. C'est Kinnock qui attaque.

« Qui peut avoir confiance dans un gouvernement qui est fissuré de haut en bas ? S'ils n'ont pas confiance en eux-mêmes, comment le pays peut-il avoir confiance en eux ? Ils ne sont pas capables de gouverner. Qu'ils s'en aillent ! »

Thatcher se lève et pendant trente minutes résume l'essence du thatchérisme :

« La vraie question que le parti conservateur doit trancher c'est comment bâtir sur les succès des années quatre-vingts et développer nos politiques dans les années quatre-vingt-dix, ajouter à trois élections générales une quatrième, que nous gagnerons à tous les coups.

« Il y a onze ans, nous avons sauvé la Grande-Bretagne du mauvais pas dans lequel le socialisme l'avait mise ... le gouvernement conservateur a changé tout cela. Une fois de plus, la Grande-Bretagne domine de toute sa hauteur les conseils de l'Europe et du monde ; et notre politique a apporté une prospérité incomparable à nos citoyens. »

Parlant de l'Europe, elle dit que pendant onze ans son gouvernement au eu une vision claire et solide. Vision du futur de l'Europe et du rôle de la Grande-Bretagne. « C'est une vision qui vient de notre propre attachement profond à la démocratie parlementaire et de l'engagement de ce gouvernement pour la liberté économique, l'entreprise, la concurrence, et l'économie de marché libre. »

« Aucun gouvernement d'Europe n'a autant combattu les subventions de l'Etat à l'industrie et le protectionnisme. Aucun gouvernement n'a autant combattu les réglementations superflues. »

« La Grande-Bretagne a fait plus pour donner forme à la communauté européenne que n'importe quel autre pays européen », se vante Thatcher avec son culot habituel.

Deux fois, dit-elle, la Grande-Bretagne a dû envoyer ses armées dans le monde pour défendre un petit pays contre une impitoyable agression. « A ceux qui n'ont jamais dû prendre une telle décision, je dis qu'elle sont prises à contre-cœur, en tout connaissance de cause mais avec une grande fierté dans le professionnalisme et le courage des nos forces armées.

Et elle conclut, visiblement émue :

« C'est parce que nous ne nous sommes jamais dérobés devant les décision difficiles que *cette* Chambre et ce pays peuvent avoir confiance dans *ce* gouvernement aujourd'hui. »

A la fin de la séance, la motion de censure est rejetée par 367 voix contre 247. La scène qui se déroule alors ressemble à s'y méprendre à celle qui saluait, quelques heures auparavant, l'entrée de Margaret Thatcher aux Communes. Ce sont les mêmes députés conservateurs qui se lèvent comme un seul homme, qui l'acclament en agitant comme des mouchoirs leurs feuilles blanches de l'ordre du jour.

Ils viennent de congédier celle qui les dirigea pendant quinze ans et qui, onze années durant, présida aux destinées du pays.

SOURCES ET RÉFÉRENCES BIBLIOGRAPHIQUES

Il existe de nombreuses biographies de Margaret Thatcher en langue anglaise. Certains des auteurs, en leur qualité de journaliste, ont pu interviewer le Premier ministre et son entourage, et c'est de ces récits que sont tirés nombre de citations et d'anecdotes rapportées dans ce livre. Il s'agit des ouvrages de Peter Hennessy, Penny Junor, Patricia Murray, Chris Ogden et Hugo Young.

Abse, L., *Margaret Thatcher, daughter of Beatrice*, Jonathan Cape, 1989.

Adeney, M. et LLoyd, J., *The miners' strike*, 1984-1985, Routledge 1986.

Archer, J., *First among equals*, Hodder & Stoughton Ltd., 1985.

Bédarida, F., *La société anglaise*, « Points histoire », Editions du Seuil, 1990.

Blake R., *The conservative Party from Peel to Thatcher*, Methuen, 1985.

Brown, G., *Where there is greed...*, Mainstream Publishing, 1989.

Carrington P., *Reflect on Things Past*, Collins, 1988.

Castle B., *The Castle Diaries*, Weidenfeld and Nicolson, 1980.

Charlot, M., *L'effet Thatcher*, Economica, 1989.

Charlot, M., *Le pouvoir politique en Grande-Bretagne*, « Thémis », P.U.F., 1990.

Cole, J., *The Thatcher Years*, BBC, 1987.

Coleman, T., *Thatcher's Britain*, Bantam, 1987.

Cosgrave, P., *Margaret Thatcher : A Tory and Her Party*, Hutchinson, 1987.

Coxall, B. and Robins, L., *Contemporary British politics*, Macmillan, 1989.

Cullen, C., *Londres*, « Petite planète », Editions du Seuil, 1989.

Daly, M. et George, A., *Margaret Thatcher in Her Own Words*, Penguin, 1987.

Gardiner, G., *Margaret Thatcher*, Kimber, 1975.

Gilmour, I., *Inside Right : A Study of Conservatism*, Quartet, 1977.

Greenleaf, W.H., *The British Political Tradition*, (2 volumes), Methuen, 1983.

Hennessy, P., *Whitehall*, Martin, Secker & Warburg, 1989.

Hennessy, P., *Cabinet*, Basil Blackwell, 1986.

Hudson, R. and Williams, A.M., *Divides Britain*, Belhaven Press, 1989.

Jenkins, P., *Mrs.Thatcher's Revolution*, Jonathan Cape, 1987.

Junor, P., *Margaret Thatcher*, Sidwick & Jackson, 1983.

Kavanagh, D., *Thatcherism and British Politics*, Oxford University Press, 1987.

Kavanagh, D., *The Thatcher effect*, Oxford University Press, 1989.

Mougel, F.-C., *Vie politique en Grande-Bretagne* (1945-1970), S.E.E.S., 1984.

Murray, P., *Margaret Thatcher*, W.H. Allen, 1980.

Ogden, C., *Maggie*, Simon and Schuster, 1990

Prior, J., *A Balance of Power*, Hamish Hamilton, 1987.

Pym, F., *The Politics of Consent*, Hamish Hamilton, 1984.

Sampson, A., *The Anatony of Britain*, Hodder and Stoughton, 1962.

Sked, A., *Britain's Decline*, Basil Blackwell, 1987.

Skidelsky, R., *Thatcherism*, Chatto and Windus, 1980.

Tebbit, N., *Upwardly Mobile*, Weindenfeld and Nicolson, 1988.

Thatcher, M., *The revival of Britain*, Aurum Press, 1989.

Thomson, A., *Margaret Thatcher*, W.H. Allen, 1989.

Wapshott, N., et Brock, G., *Thatcher*, Futura, 1983.

Whitelaw, W., *The Whitelaw Memoirs*, Aurum Press, 1989.

Young, H., *One of Us*, Macmillan, 1989.

Table des matières

Cet ouvrage a été réalisé par la
SOCIÉTÉ NOUVELLE FIRMIN-DIDOT
Mesnil-sur-l'Estrée
pour le compte des Éditions Odile Jacob
en janvier 1991

Imprimé en France
Dépôt légal : janvier 1991
N° d'impression : 16746